JN232572

法人税法と課税所得の計算

若杉 明 著

税務経理協会

序

　法人税法は法手続き的な側面と課税所得の計算という会計計算的テクニックとから成り立っているのであるが，国の財政収入の確保や経済政策の一環としての役割等社会的使命が課されているところから固有の思想や論理を背景にもっている。したがって法人税法を学習するにあたっては，法手続きや計算テクニック的側面を体得すると同時に，その社会的使命に基づく思想や論理を正しく理解することが必要である。

　本書の執筆を思い立ったのは，わが国における職業会計人をめざす人達による法人税法の学習が，とかく課税所得の計算テクニックの修得に偏りがちであることに疑念をもち，公認会計士，税理士等は技術的な税務計算に精通していれば，十分にその職務を遂行することができるという考え方を正す必要があると考えたことにある。法人税法における課税所得の計算は，法人税法本法，施行令，施行規則等に従って行われるのであるが，租税制度をめぐる基礎概念や計算行動原理を正しく理解しておかなければ，応用能力に欠け，また会計専門職業人としての職責を十分に果たしうるという保証がないであろう。

　本書は法人税法に関する一般の書物のように，税務計算や法手続きの説明を意図するものではなく，これらの根底にある法人税法に固有の思想や論理をとりあげて解説することをねらいとしている。したがって本書においては法人税制に係る諸理論や原理，法人税法における基礎概念，固有のテクニカル・タームと処理法，課税所得の計算構造，国際課税制度等が取り扱われている。それゆえに法人税法の計算テクニックなどを学ぶ前に，

またはこれと並行して本書を利用していただくことが望ましい。

　課税所得の計算は，法人税法第22条第4項の規定に表わされているように，一般に公正妥当と認められる会計処理の基準に準拠して行われなければならない。課税所得の計算はそれ自体が独自の計算原理に従って実施されるというよりも，企業会計における利益計算を基礎とし，法人税法に求められている基本理念に従って税法固有の調整を施すことによって実施されるものである。したがって課税所得計算の特質を正しく理解するためには，企業会計の諸原理との比較考察を不可欠とする。そこで本書では関連する箇所においてはできうる限り，課税所得計算と企業会計における利益計算原理とを対比する形で叙述するように心がけた。たとえば，益金や損金の認識基準である権利確定基準や債務確定基準について述べるさいには，企業会計上の収益や費用の認識基準である発生主義や実現主義と対比して説明するように配慮している。課税所得の計算は，その計算原理があくまでも企業会計上の期間利益計算に基礎をおいているからである。また本書においては，企業活動や一国経済のグローバル化を重視して，国際課税の問題についても言及している。

　本書の構成は法人税の基本理念（第Ⅰ章），法人税法における基礎概念（第Ⅱ章～Ⅵ章），一般に公正妥当と認められる会計処理の基準と確定決算基準（第Ⅶ章），法人税法における固有の概念と処理法（第Ⅷおよび Ⅸ章），権利・債務確定基準と企業会計上の認識基準（第Ⅹ章），課税所得の計算構造（第ⅩⅠ章），法人税額の計算（第ⅩⅡ章），国際税務（第ⅩⅢおよびⅩⅣ章），制度会計としての税法会計（第ⅩⅤ章）および税効果会計（第ⅩⅥ章）となっている。

　第Ⅰ章では，租税の根拠となる理論，租税原則，租税の機能など法人税法の基礎にある諸問題が扱われている。第Ⅱ～Ⅵ章では，法人観，納税義務者，事業年度，課税所得，益金と損金等法人税法において用いられてい

る重要な基礎概念が解説されている。第Ⅶ章では，法人税法に規定のない問題を処理するにあたって用いられる会計基準について述べられている。第Ⅷおよび第Ⅸ章では，法人税法に固有な「みなし」概念や圧縮記帳などについてとりあげている。第Ⅹ章では益金・損金の認識基準が，また第ⅩⅠ章では課税所得の計算構造が，第ⅩⅡ章では法人税額の計算が解説されている。

　第ⅩⅢ章では，国際税務に係る重要な概念であるタックス・ヘイブン，ユニタリー税制などについて述べており，これらが第ⅩⅣ章国際的課税問題の基礎知識としての役割を果たしている。第ⅩⅤ章ではトライアングル体制における税法会計の特質が商法会計および証取法会計と対比する形で述べられている。最後の第ⅩⅥ章では，租税問題と係りの深い税効果会計の原理が取り扱われている。

　本書は，『税経セミナー』誌に，1999年9月号から2000年11月号にかけ15回にわたって連載した講座をまとめ上げたものである。本書は法人税法を学ぶにあたって基礎的素養を体得するのに適した書物であると考えている。法人税法はひとり税法を学ぶ者にとって重要であるにとどまらず，会計学を履修する人達にとっても不可欠の分野である。法人税法と企業会計とは不可分の一体を成すものであるから，会計学専攻者にもぜひ一読をお勧めしたいと思う。

　最後に，本書の出版にご理解をいただいた大坪嘉春社長および編集その他の点で直接種々お世話下さった定岡久隆氏にこの場かりて心からお礼申し上げる次第である。

2001年　早春

　　　　　　　　　　　　　　　　　　　　若　杉　　　明

目　次

序

I　法人税の基本理念 …………………………………… 1
　　はじめに　1
　1　租税の意義と根拠となる理論 …………………………… 1
　　　1　公　需　説　2
　　　2　利益説または交換説　2
　　　3　保　険　料　説　2
　　　4　義　務　説　3
　2　租　税　原　則 …………………………………………… 3
　　　1　公平または平等の原則　3
　　　2　確実性の原則　4
　　　3　便宜性の原則　4
　　　4　最少徴税費の原則　4
　　　5　課税の十分性の原則　5
　　　6　課税の弾力性の原則　5
　　　7　税源選択の原則　5
　　　8　税種選択の原則　5
　　　9　普遍の原則　6
　3　法人税の性格と役割 ……………………………………… 6
　4　法人税のもつビルト・イン・ステイビライザー機能 …… 8

1　控除制度　8
　　　2　累進税率構造　9
　　　3　源泉徴収制度　9
　5　法人税の法源……………………………………………………10

Ⅱ　法人税法における基礎概念(1)……………………………15
　　　――法人観，会計主体観等――
　　はじめに　15
　1　法人税法における法人観……………………………………15
　　　1　法人税の性格をめぐる2つの法人観　16
　2　企業会計における会計主体観…………………………………18
　3　会計主体観や法人観に基づく諸概念の定義…………………22
　4　制度会計の目的・基本理念等と主体観………………………26

Ⅲ　法人税法における基礎概念(2)……………………………31
　　　――納税義務者，事業年度，納税地――
　1　納税義務者……………………………………………………31
　　　1　法人税法における納税義務者としての法人　31
　　　2　内国法人と外国法人　32
　　　3　公共法人　33
　　　4　公益法人等　34
　　　5　協同組合等　35
　　　6　人格のない社団等　35
　　　7　普通法人　36
　2　事業年度………………………………………………………37
　　　1　事業年度とその設定　37

  2　みなし事業年度　*38*

 3　納　税　地……………………………………………………………*40*

Ⅳ　法人税法における基礎概念(3)………………………*43*
   ──課税所得，企業利益──

 課税所得，とくに各事業年度の所得………………………………*43*

  1　所得の概念　*43*

  2　企業利益の概念　*45*

   ⑴　企業利益の一般概念　*46*

   ⑵　利益算定方式よりみた利益概念　*49*

   ⑶　当期業績主義的利益と包括主義的利益　*51*

   ⑷　費用収益対応の原則　*52*

  3　課税所得の性格　*57*

Ⅴ　法人税法における基礎概念(4)………………………*61*
   ──益　　金──

 益　　金…………………………………………………………………*61*

  1　益金の概念　*61*

  2　企業会計における収益の概念と分類　*63*

   ⑴　収益の意義　*63*

   ⑵　営業収益と営業外収益　*64*

   ⑶　期間収益と期間外収益　*65*

  3　益金の額に算入すべき金額の性格　*65*

  4　益金の額に算入すべき収益項目　*68*

   ⑴　資産の販売による収益　*68*

   ⑵　有償または無償による資産の譲渡または役務の提供による収益　*69*

(3)　無償による資産の譲受け　70

VI　法人税法における基礎概念(5) ……… 73
──損　　金──

損　　金 …………………………………………………… 73
　1　損金の概念　73
　2　企業会計における費用の概念と分類　74
　　(1)　費用の意義　74
　　(2)　費用の分類　75
　3　損金の額に算入すべき金額の性格　76
　4　損金の額に算入すべき費用等　80
　　(1)　当該事業年度の収益に係る売上原価，完成工事原価
　　　その他これらに準ずる原価の額　80
　　(2)　当該事業年度の販売費，一般管理費その他の費用（償却費以外
　　　の費用で当該事業年度終了の日までに債務の確定しないものを除
　　　く）の額　82
　　(3)　当該事業年度の損失の額で資本等取引以外の取引に係るもの　83

VII　一般に公正妥当と認められる会計処理の
　　　基準と確定決算基準 ………………………………… 87
　1　一般に公正妥当と認められる会計処理の基準 ……… 87
　2　一般に認められた会計基準の概念 …………………… 88
　3　わが国における一般に認められた会計原則 ………… 93
　4　確定決算基準 …………………………………………… 96

Ⅷ 法人税法における固有の概念と処理法(1) ……99
──「みなし」概念,限度額──

はじめに *99*

1 「みなし配当」など ……99

 1 みなし配当 *100*

  (1) みなし配当の概念 *100*

  (2) 減資,退社,解散等に係るみなし配当 *101*

  (3) 株式の利益消却,利益積立金の資本組入等によるみなし配当 *102*

 2 公益法人等に係るみなし寄付金 *102*

 3 みなし役員 *103*

2 限度額 ……*105*

 1 減価償却資産の償却限度額とその計算 *105*

 2 繰延資産の償却限度額 *107*

 3 寄付金の損金算入限度額 *110*

Ⅸ 法人税法における固有の概念と処理法(2) ……*113*
──圧縮記帳,同族会社の特別規定──

1 圧縮記帳 ……*113*

 1 圧縮記帳の意義 *113*

 2 圧縮記帳制度の構造と趣旨 *114*

 3 圧縮記帳等の会計処理法 *117*

  (1) 直接減額方式(圧縮記帳) *117*

  (2) 引当経理方式 *117*

  (3) 積立金経理方式 *118*

2 同族会社と課税上の特別規定 ……*120*

 1 同族会社の意義 *120*

  2 同族会社に対する特別規定 *121*
   (1) 使用人兼務役員の範囲についての制限 *122*
   (2) 行為または計算の否認 *123*
   (3) 留保金課税 *124*

X 権利・債務確定基準と企業会計上の認識基準 ……… *127*
  はじめに *127*
1 債務確定基準と権利確定基準 …………………………… *127*
  1 債務確定基準 *127*
  2 権利確定基準 *130*
   (1) 棚卸資産の販売による収益の帰属の時期 *132*
   (2) 請負による収益の帰属の時期 *132*
   (3) 固定資産の譲渡による収益の帰属の時期 *132*
   (4) 有価証券の譲渡による損益の計上時期 *132*
   (5) 貸付金利子等の帰属の時期 *132*
2 企業会計における収益・費用の認識基準 ……………… *133*
  1 発生主義の原則 *133*
  2 実現主義の原則 *136*
  3 認識の重要性と認識原則の特質 *137*
3 税法上の認識基準の特質 ………………………………… *141*

XI 課税所得の計算構造 ……………………………………… *145*
  はじめに *145*
1 企業利益の計算から課税所得の計算へ ………………… *145*
2 決算調整項目 ……………………………………………… *148*
  1 減価償却資産の償却費 *148*

2　国庫補助金等で取得した固定資産等の圧縮額の損金算入　*150*
　　3　使用人に対する賞与の取扱い　*150*
　　4　長期割賦販売等に係る収益および費用の取扱い　*151*
　3　申告調整項目 ································*152*
　　1　受取配当等の益金不算入　*153*
　　2　合併差益金のうち被合併法人の利益積立金額から
　　　成る部分の益金不算入　*154*

XII　法人税額の計算 ································*155*
　1　法人税額計算のメカニズム ································*155*
　2　同族会社の留保金課税 ································*156*
　3　使途秘匿金の支出がある場合の課税の特例 ································*158*
　4　土地の譲渡等の特別税率 ································*159*
　5　税額控除 ································*160*
　　1　所得税額の控除　*160*
　　2　外国税額の控除　*161*
　　3　仮装経理に基づく過大申告の場合の法人税額の控除　*163*
　6　特別税額控除制度 ································*164*

XIII　グローバリゼーションと国際税務戦略 ································*167*
　1　国際税務戦略の重要性 ································*167*
　2　企業の海外進出・投資と節税 ································*168*
　3　タックス・ヘイヴンとその利用 ································*172*
　　1　タックス・ヘイヴンの意義　*172*
　　2　タックス・ヘイヴンの分類　*173*
　　　(1)　英領ヴァージン諸島（British Virgin Islands）　*175*

(2)　香　港（Hong Kong）　*175*

　　　(3)　パナマ（Panama）　*175*

　　　(4)　バルバドス（Barbados）　*176*

　　3　タックス・ヘイヴンの利用方式　*177*

　　　(1)　持株会社（holding companies）を用いるもの　*177*

　　　(2)　投資会社（investment companies）を用いるもの　*177*

　　　(3)　無体財産権保有会社を用いるもの　*177*

　　4　タックス・ヘイヴン税制　*178*

　4　ユニタリー税制（unitary tax）……………………………………*179*

　5　国際的移転価格操作と対策税制………………………………*182*

XIV　国際的課税問題………………………………………………*187*

　　はじめに　*187*

　1　移転価格税制………………………………………………………*187*

　　1　制度の趣旨　*187*

　　2　独立企業間価格　*188*

　2　過少資本税制………………………………………………………*190*

　3　タックス・ヘイヴン税制…………………………………………*193*

XV　制度会計としての税法会計……………………………………*195*

　　制度会計の体系……………………………………………………*195*

　　1　商 法 会 計　*195*

　　2　証取法会計　*201*

　　3　税 法 会 計　*204*

XVI 税効果会計 ……………………………… 209
1 税効果会計の意義 ……………………………… 209
2 税効果会計の原理と構造 ……………………………… 211
1 一時差異の概念と認識　*211*

2 繰延税金資産および繰延税金負債等の会計処理　*214*

3 繰延税金資産の表示および繰延税金負債の表示　*216*
3 税効果会計の方法──繰延法と資産負債法 ……………………………… 217
1 繰　延　法　*218*

2 資産負債法　*219*

事 項 索 引 ……………………………… *223*

I 法人税の基本理念

はじめに

　本章では，税法会計の基礎理論を展開するにあたって前提となるいくつかの点について考察を行う。まずはじめに，租税の意義とその根拠となる理論を紹介し，次いで租税原則について述べる。これらを基礎として法人税の性格と役割，税制のもつビルト・イン・ステイビライザーとしての機能および法人税に係る法源について考察することにする。

1　租税の意義と根拠となる理論

　租税とは何かについては憲法上，定義されてはいないし，税法上一般的な定義を行っている規定もない。しかし，一般に広く認められている租税の概念は次のように表明されよう。すなわち「租税とは，国又は地方公共団体が，収入を得ることを目的に，法令に基づく一方的義務として課する，無償の金銭的給付である[1]。」と。この定義の要点をさらに解説することにしよう[2]。まず租税は，国や地方公共団体が課するものである。地方公共団体も憲法上固有の課税権が認められていると解されている。次に租税は収入を得ることを目的として課されるものであるから，罰金，科料などはこれに該当しない。はじめから収入を得る目的をもたないものは租税に該当しないというのである。

　さらに租税は，法令に基づく一方的義務として課されるものであるから，

たとえば、専売収入は広義の消費税の性格をもつといわれてはいるが、法令に基づく一方的義務として課されるものではなく、したがって租税とはいえない。なおここにいう法令には、地方公共団体の条例や規則も含まれる。租税は無償の金銭的給付であり、ここに無償とは、租税がこれを負担する者に与えられる利益とは直接結びつかないことである。したがって使用料、手数料などは公の施設の使用等や受けた行政サービスに対する対価の性格をもつので租税とは区別される。

次に租税を国民や住民に課することの根拠を説明する理論について考察することにしよう。租税の根拠論は資本主義の発展に関連して財政学上の問題として論じられてきた。その主要なものを次に紹介しよう[3]。

1 公需説

国や地方公共団体は、公共の福祉を増進させるという役割を担っており、そのためには財源が必要となる。租税はこの財源をまかなうためのものであるというのがこの説の主張するところである。

2 利益説または交換説

国民や住民は、国や地方公共団体の活動によって利益を受ける。受ける利益の対価として国民等は税を納めるというのがこの説のとくところである。換言すれば、国や地方公共団体が国民や住民に供与する利益と国民等の支払う税とが交換されると説明することができる。

3 保険料説

国や地方公共団体は国民や住民の生命、財産を保護し、公共の福祉を増進させる役割を担っている。これは保険給付の提供になぞらえることができ、国民や住民は保険料に相当するものとして税金を支払うと考えるので

ある。

4 義務説

国や地方公共団体は，国民や住民が生活していく上で必要な公共サービスを提供する公的な機関である。教育，治安，国防などは公的な機関の存在を不可欠のものとする。国民や住民は公的機関の必要とする財源を税金として負担する義務があるという考え方である。

これら租税の根拠説はそれぞれ一定の時代的背景の下に成立したものであって，そのすべてが現代社会にそのまま妥当するとは限らない。だが租税制度の本質を理解する上で，大いに参考になるものといえよう。

2 租税原則

租税理論や租税原則は，時代の変化とこれに対応した経済学の発展につれて変わりゆくものである。これを歴史的にたどれば，重商主義の租税理論，重農主義の租税理論，アダム・スミスの租税原則，リカードウの課税原則，ミルの租税理論，ワグナーの租税原則，ピグーの租税原則，ハンセンの租税原則等々の流れとしてとらえることができる。本章では，これらのすべてを紹介するわけにはいかないので，提唱者をはなれて，主要な租税原則命題について述べることにしよう[4]。

1 公平または平等の原則

国民は能力に応じ，国の保護の下に各人が享受する収入に比例して，政府を維持するために税金を納めなければならないとするものである。この原則の中には，税の負担能力に応じて税を支払う応能主義の考え方と各人の受けた利益に応じて負担する応益主義の考え方とが含まれているとみる

ことができる。したがって，税の負担能力の高い高額所得者も負担能力の低い低額所得者も同額の税負担をするのはこの原則に反することになる。この原則の下では，負担能力は所得の増加割合を超えて高まるので，累進課税が妥当であるとする考え方もとられよう。

2　確実性の原則

各個人の納付すべき税金は確実でなければならず，恣意的であってはならない。税金の納付の形式，納付の方法および納税額は納税者にとっても，他の人々にとってもすべて明瞭で，わかりやすいものでなければならない。この原則は納税者の納税手続きに関する原則であり，これらの点があいまいで，恣意的にはしるならば，納税者は不便を感ずるとともに，納税意欲を失い，税金の支払いに消極的になることであろう。

3　便宜性の原則

すべての税金は納税者がそれを支払うのに，もっとも便宜的と思われる時期および方法で課されなければならない。この便宜性の原則は課税庁の立場からではなく，納税者に配慮したものである。納税者の立場に立った便宜性こそ，徴税を円滑に行い，その効果を高める上で欠かすことのできない要請である。

4　最少徴税費の原則

すべての税金について，国民が納付する額と国庫に入る額との差，すなわち徴税コストが最小になるようにしなければならないとするものである。徴税に要する費用が少なくてすめば，国民の納付した税金はそれだけ国庫に納付される額が多くなって徴税が効率的に行われることになるわけである。

5　課税の十分性の原則

租税は国家を運営してゆくのに必要な諸経費をまかなうに足りるだけの収入をあげうるものでなければならないとするものである。これは，国家経費をまかなうのに必要な原資を調達するための課税にあたっては，それに十分な額を徴収すべきことを意味するものであると同時に，必要額を超えた徴税を禁ずることをも含意するものと解する必要があろう。

6　課税の弾力性の原則

歳出の増加や租税以外の収入の減少によって生ずる歳入の不足が，増税や税の自然増収によって埋められうるような仕組みを税制の中に組み込んでおくことを要請する原則である。このような原則に従って租税制度を構築しておけば，租税制度をめぐる環境の変化に適応しうるような自己完結的な租税システムが構築されうるであろう。

7　税源選択の原則

税源は原則として国民所得に求め，国民の財産や国民の資本に課税して，これを損耗してはならないことを要請する原則である。国民所得は国民財産や国民資本を運用することによって得られた果実であり，国民財産や資本は果実を生ずる果樹に相当するものであるから，これらに課税することによって，損耗を生ぜしめてはならないという趣旨のものと解される。

8　税種選択の原則

国民経済上の諸原則や平等の原則の立場から，本来租税を負担すべき者に税負担がおちつくように租税の転嫁に配慮して，租税の種類の選択を適正に行わなければならないとする原則である。

9 普遍の原則

租税の負担は市民一般に広く割り当てられるようにしなければならないとする原則である。しかしながら社会政策的な配慮に従って，低額所得者に対しては減税や免税を認めるべきであるとする。

3 法人税の性格と役割

法人税は，課税権者である国が納税義務者である法人に対して，その所得の金額に課する税金である。これをさらに敷衍して述べることにしよう。法人税は国が課税権者であるところから国税に属する。法人税の納税義務者は法人であって，法人には，後章で述べるように，多様な形態がある。

法人税法にあっては，課税の対象となる課税物件は法人の所得である。したがって，法人税は広い意味での所得税であり，個人所得税に対して法人所得税ともいわれる。税率を適用して課税額を算定するにあたり基礎となる課税標準は，各事業年度の所得の金額，退職年金等積立金の額および清算所得の金額の3つのタイプの所得である。各事業年度の所得は，継続事業の前提の下に企業の毎期の決算によって算定される企業利益であり，法人税の課税対象の中心をなす。退職年金等積立金に対する法人税は，適格退職年金業務等を営む信託会社や保険会社等に課されるものである。清算所得に課せられる法人税は，法人が解散した場合に算定される清算所得に対するものである。

法人税額の算定にあたって，課税標準たる所得に対して適用される税率は比例税率である。比例税率は，所得税の算定のために適用される，所得の額が高くなるにつれて税率が高くなる累進税率とは異なり，課税所得の大小に係りなく一定である。法人税は納税義務者と税金の実質的負担者，

すなわち担税者とが同一であるから、租税の転嫁は行われず、したがって直接税の性格をもっている。また法人税に関する納税者の租税債務は各事業年度の終了の時に成立し、納税義務者の納税申告によって確定する。

　法人税に関する課税標準の計算や租税債務の成立・確定は、わが国の場合個々の法人ごとに行われる。先進諸国の中には連結納税制度を採用しているものがあり、企業集団に属する複数の法人の所得を合算して課税がなされている。複数の企業が集団で統一的な方針に従って経営を行う集団経営が広く実践され、連結財務諸制度が整備されるにいたったわが国においても、連結納税制度の確立が強く要望されており、やがてこの制度が導入される日も遠くはないと思われる。

　租税は、国や地方自治体が行政活動を行う上で必要な一般的経費をまかなうための財源を調達することを目的としている。租税は特定の給付の提供に対する対価の徴収であるとはいえないけれども、国や地方自治体が公共サービスを国民や住民に提供するのに必要な財源を確保するためのものである。

　租税は、また富の再配分を行って公正な社会秩序を保つことを使命としている。資本主義が進展して富を多くもつものとそうでないものとが現れたときに、租税制度を通じて富の再配分を行おうとする。所得税、相続税、財産税等に累進税率が適用されるのは、このことを目的の1つとしているからである。だが税制による所得の再配分機能は資本主義が成熟し、所得の格差が緩和されるようになると、その社会的必要性が低下する傾向にある。

　租税のもつこれらの目的や機能は税全般についていえるものであるから、法人税にも当然妥当する。これらに加えて租税の役割にはさらに景気調整機能がある。法人税にはこの役割の達成にずばり貢献しうる体質がそなわっている。そこでこの問題については節を改めて取り扱うことにしよう。

4 法人税のもつビルト・イン・ステイビライザー機能

　法人税は景気に対する反応が敏感であり，財政の自動的景気調整機能に富んでいる。このような働きをもつ財政上の自動的景気調整の仕組みをビルト・イン・ステイビライザー（built-in-stabilizer）とよんでいる。ビルト・イン・ステイビライザーとは，好況期には税収が増加し，不況期には税収が減少する：また歳出については，不況期には失業保険や生活保護費等の支払いや価格補助金などが増加し，好況期には減少する：このようにして，景気の変動を調整し安定させる効果をあげる税制の働きをいう。所得税は累進税率構造をとっているので税収の弾性が高い。他方法人税は景気変動に対して敏感に反応する。したがって，税収に占める所得税および法人税の割合が大であるほど，租税のもつ自動的景気調整機能はきわめて効果的に発揮されうるのである。

　景気変動に際して，所得税が自動的にその税収を増減させて，これに対処しうる機構は，各種の控除制度，累進税率構造および源泉徴収制度である。以下これらについて考察しよう[5]。

1　控除制度

　現行の所得税制度の下での主要な控除は，基礎控除，配偶者控除，扶養控除，給与所得控除といったものである。控除制度を操作することにより，好況期には税収を増加させ，不況期には税収を減少させることができ，かくて処分可能所得額を増減させ，これによって景気の調整をはかることができる。景気回復のために減税をはかるには，控除水準を引き上げればよく，そのことは課税最低限を引き上げる効果をもっている。

2 累進税率構造

　一定の累進税率構造の下では，好況期に所得が増加すれば，より高い税率が適用され，税収が増加することになって，可処分所得は減少し，景気の過熱は抑制される。これに対して不況期に所得が減少すれば，より低い税率が適用されて税収が減少し，可処分所得は所得の減少割合に比して大となって，景気刺激効果が期待される。このように累進税率構造はビルト・イン・スティビライザーとしてきわめて効果的な機能をもっている。このような効果の発揮に反するものとして，累進税率のフラット化，すなわち緩和化や分離課税があげられる。

3 源泉徴収制度

　源泉徴収制度の下では，経済状況の変化と租税収入との間のタイム・ラグ，すなわち徴税ラグが短縮され，所得税のもつ安定装置としての機能が効果的に発揮されると考えられている。しかしながら源泉徴収制度のもつ問題性，たとえば，国民の申告権を無視すること，他の所得との課税上のバランスをそこなうことなどを考え合わせるならば，これらと徴税ラグの縮小という利点との費用効果分析的配慮が必要と思われる。

　法人税法については，課税所得に対して比例税率が適用されるのであるが，景気が悪くなって企業利益が減少すれば，法人税額は減少し，また欠損金の繰越控除制度等により，企業は税負担が軽減されて業績改善が容易となる。逆に好況で企業利益が増加すれば，法人税額も増加するので，可処分利益はそのまま増加するわけではなく，利益の社外分配額はおさえられ景気の過熱は抑制される。また租税特別措置法等の施行を通じて，景気の好況・不況に応じて企業の税負担を調整し，企業活動を正常化することによって経済の安定化をはかることができる。

政策なき政策といわれる租税のもつビルト・イン・ステイビライザー機能は自動景気調整装置として財政的に有効に作用している。だがこれにも限界があり，政策的効果が弱いという批判がある。だが自動景気調整装置も各種の財政政策上の手法の１つと考え，他の手法との併用や潜在的な問題点の改善をはかるならば，有効に機能しうるものと思われる。

5　法人税の法源

　近代的な法治国家においては，租税法律主義の原則に従って租税制度が形成されている。租税法律主義とは，租税の賦課・徴収は法律を根拠として行われなければならないとするものである。日本国憲法は第30条において，「国民は，法律の定めるところにより，納税の義務を負ふ」と規定しており，これが租税法原理における実定法上の根拠となっており，租税法律主義として特徴づけられている。憲法第84条の「あらたに租税を課し，又は現行の租税を変更するには，法律又は法律の定める条件によることを必要とする」という規定も課税要件法定主義を表わすものとして，租税法律主義を構成する。すなわち租税の賦課に関する納税義務者，課税物件，課税標準，税率等の課税要件，納税の時期，納税方法等の徴税手続きは，法律の規定にゆだねられる。

　法人税制については法人税法が基本法として制定されている。租税法に関する法の存在形式を租税法の法源といい，法源には憲法，法律，命令，条例，規則等の国内法源と国際法源とがある。後者は条約，交換公文等である。

　法人税に関する基本法たる法人税法に複雑多岐にわたる内容を盛り込んで規定することは実践的ではないので，細目にわたる具体的事項は，法律の委任に基づいて内閣の行政命令である政令，各主務大臣の命令である省

令等として定められる。基本法たる法人税法に関連する法令を次に列挙しよう。

 A 法人税法（法法）
 B 法人税法施行令（法令）
 C 法人税法施行規則（法規）
 D 減価償却資産の耐用年数等に関する省令（耐用年数省令）

基本法たる法人税法に対する特別法として次のような各種の法律がある。租税特別措置法，災害被害者に対する租税の減免，徴収猶予等に関する法律，世界各国との間に締結した租税条約および租税条約の実施に伴う所得税法，法人税法及び地方税法の特令等に関する法律等である。租税特別措置法関係の法令は次のとおりである。

 E 租税特別措置法（措法）
 F 租税特別措置法施行令（措令）
 G 租税特別措置法施行規則（措規）

さらに国税に関する共通法として，国税通則法，国税徴収法および国税犯則取締法がある。国税通則法関係の法令には次のものがある。

 H 国税通則法（通法）
 I 国税通則法施行令（通令）
 J 国税通則法施行規則（通規）

それ自体法規範には含まれず，したがって法源とはならないが，法令に準じて効果を発するものに通達がある。通達とは，上級行政庁が下級行政庁に対して，法令の解釈や行政の運用方針につき，命令示達する形をとり，権限行使を指図する目的で発せられる命令である。

 法人税に関連しては，国税庁長官が国税局長に対して各種の通達を出しており，それは膨大な数にのぼる。たとえば法人税取扱通達（法基通），租税特別措置法関係通達その他である。行政庁は通達による拘束を受け，現

実に現場において税務執行が執り行われているので，納税者は現実には通達による強い影響を受けることになる。もしも納税者が通達に沿わない処理を行うならば，たとえば更正その他の処分を受けることになり，法律に準じた規制を受けなければならない。

　租税法律主義の立場からは，通達行政に強い批判がある。他方において通達によって法令の解釈が明らかにされるので，納税者にとっては，税務行政庁の裁量範囲等について，予測可能性や法的安定性をもちうる等のメリットがあるといわれている。

　通達は行政庁の下級官庁に対する命令であるから，国税庁長官の出す通達は，国税局や税務署の職員を拘束はするが，納税者は法律上は通達によって拘束されるものではない。それは納税者独自の法解釈権をもっているからである。しかし，租税行政上の現実は前述のとおりである。裁判所はもちろん通達に拘束されるものではない。

　租税条約は国と国との間で結ばれる租税に関する取りきめであり，国際的な二重課税を防止することがその主な目的である。二重課税を排除することによって，二国間の資本，人材，技術，企業活動等の交流と活性化をはかろうとする。また先進国と発展途上国との間の租税条約については，前者が後者の経済開発を支援することをも目的とすることが少なくない。租税条約は国会の承認によって成立する。租税条約においては，当事国の住民の納税義務や納税関係についての規定が設けられている。もしも租税条約において当事国の国内法とちがう規定が定められている場合には，租税条約が優先的に適用されることになる。そのような意味において租税条約は国際法源といわれるのである。

　交換公文は，租税条約に従い条約の定めを補うために，当事国が相互に書簡の形で合意事項をとりまとめたものである。交換公文は国会の承認を必要としない。交換公文は条約の一種であるところから国際法源となる。

(注)
(1) 清永敬次著『新版税法』(全訂) 1995年, ミネルヴァ書房, 2ページ。
(2) 上掲書, 3－5ページ。
(3) 山本守之著『租税法』1992年, 税務経理協会, 7－11ページ。
(4) 上掲書, 41－62ページ。
   飯野邦彦著『所得課税の理論と政策課題』1996年, 税務経理協会, 7－37ページ。
(5) 上掲書, 33－35ページ。

〔参考文献〕
・武田隆二著『法人税法精説』1982年, 森山書店
・渡辺淑夫著『法人税法』1996年, 中央経済社
・山本守之著『租税法要論』1995年, 税務経理協会

II 法人税法における基礎概念(1)
―― 法人観,会計主体観等 ――

はじめに

　すべての学問的専門領域においてみられるごとく,法人税法においてもこれを構成し,叙述するための基礎概念が不可欠である。法人税法における基礎概念はもちろんこの領域における固有のものであるが,これと関連のある企業会計における基礎概念と深い係りをもっている。とりわけ法人の事業所得の計算は法人税法と企業会計との共通領域（interface）であるがゆえに,法人税法上の基礎概念と企業会計上のそれとは関連づけて考察することが必要である。そこで本章においては,法人税法上の基礎概念をとりあげるにあたり,関連のある事項については,できる限り企業会計上のそれと対比する形で取り扱ってゆくことにする。

1　法人税法における法人観

　民法上法人の本質観について,法人実在説や法人擬制説があるのと同様に,法人税については法人独立課税主体説および株主集合体説の2つの考え方がある。またこれと並んで企業会計上は会計主体観として資本主理論と企業実体論とが相対立する形で存在する。これら3つの専門領域における法人論や会計主体論はそれぞれ独自の必要性を背景にもち,以上の3つの分野がもつ2つの対立的な見解はまったく同列に論じうるものではない。

本章では，法人税の性格をめぐる2つの法人観の必要性と性格について述べ，さらにこれと係りのある2つの会計主体観について考察することにしよう[1]。

1　法人税の性格をめぐる2つの法人観

まず法人税に関連して存在する法人観の必要性は，法人とその構成員（株主）である個人との間で問題になる二重課税についてどのように考えたらよいかという議論に係るものである。法人独立課税主体説においては，法人はその構成員である個人からまったく独立に存在する経済的実体であると考える。そして法人は，個人と同様に国家より各種のサービスの提供を受けるものであり，個人とは別個の人格をもっているものであるから，法人と個人とをめぐって二重課税の問題などは存在しないとする。すなわち法人の所得には法人税を，また個人の所得には所得税を課すことについて何ら論ずべきことはないと考えるのである。

これに対して株主集合体説にあっては，法人は個人の集合体であり，法人それ自体が担税力をもつものとはみなさない。法人が稼得した所得は，配当や持分の払戻しなどの形で結局はその構成員に帰属することになるのであるから，法人所得に対する課税は，株主たる個人の所得税を前取りすることにほかならない。したがって法人税引後の利益の配当を受けた株主に対する課税にあたっては，できうる限り両者の間の二重課税を排除もしくは緩和すべきであると考えるのである。

法人独立課税主体説をよしとするか，それとも株主集合体説を選ぶべきかといった法人の性格論について，税制調査会の「財政体質改善答申」（1980年11月）における次の所論は参考に値する。すなわちこれら2つの説のどちらかの立場に割り切ることは困難であり，したがって法人の性格論から法人税の負担調整に関する仕組みのあり方を誘導することはかなら

ずしも妥当とはいえない。法人税の負担調整の仕組みを検討するに際しては，資金の調達，資本市場のあり方，国際的資本交流など，経済全般にわたって税制がどのような影響を及ぼすかの観点から行うのが本来である。事実諸外国における法人税改正の経緯をみるに，上のごとき視点から検討が行われており，法人の性格論に基づいてなされてはいない。以上のごときわが国の税制調査会の「答申」にみられる法人の性格論に基づく法人税の負担調整に関する仕組みに反対する主張はそれはそれで有意義なものであろう。しかしながら法人の性格論を根拠にして，法人税のあり方を導き出すのではなく，現実の仕組みの特徴を説明し，その実態を正しく認識しようとする立場からは，法人の性格論は非常に有用であり，理解を助ける長所をもっている。したがってこの2つの説をいま少し詳しく検討することにしよう[2]。

　法人独立課税主体説は次のような考え方に立脚している。すなわち法人は自然人と同様に独立した企業実体であり，その経済活動によって所得が稼得される。法人は個人と同じように支払能力をもっているのであるから，国家社会から受けたサービスに対するコストを負担しなければならない。このような考え方からすれば，企業実体としての法人の所得に対しては課税するのが当然である。法人税は個人所得税の源泉課税またはこれを補完するものではないと考えられる。

　これに対して，株主集合体説にあっては次のような考え方がとられている。すなわち法人たる企業が経済活動によって所得を得たとしても，それは結局個人たる株主に帰属する。法人というものは，法律に基づいて設立された，個人が富を得るための手段にほかならないのであるから，実質的に担税力はその富の帰属する個人にある。法人の所得に課税するとしても，それは富を享受する資本主である株主個人に対する所得税の前取りにほかならない。かくして個人が法人から受ける配当等にはすでに法人税が

課されているのであるから，これに関して何らかの形で二重課税の排除が必要となる。

2　企業会計における会計主体観

　企業会計上会計主体観としては，資本主（企業主）理論，代理人説，企業実体（主体）論，資金理論，企業体理論，エイジェンシー理論等各種のものがある。だが制度会計において実際に採用されているのはそのごく一部のものにすぎない。具体的には，これらの会計主体観の中でも，資本主理論および企業実体論が制度会計における会計主体観となっている。そこでまず最初にこれら2つの会計主体観について述べることにしよう。

　資本主理論は企業主理論，所有主理論等ともいわれ，企業における会計主体を企業の所有者である資本主，株式会社の場合には株主とみるものである。この考え方によると，企業というものは独自に存在するものではなく，資本主または株主そのものが企業の実体をなすものであると考える。このように企業の実体は資本主や株主であるから，一定の名称の付された企業体は擬制的な存在にすぎないと考えるのが資本主理論の特徴である。民法上の法人理論における法人擬制説はまさにこの会計学上の資本主理論と同一の系譜に属するものである。また法人税法における株主集合体説も資本主理論と軌を一にしている。ただ会計学上の会計主体論，民法における法人理論，法人税法上の法人本質論等はそれぞれの専門分野での必要性に応じた議論のたて方をしているので，これらをすべて同一のものとして取り扱うことは妥当ではない（法律概念の相対性または借用概念）。しかしながら学問の領域が異なり，主体論のそこでの必要性は相違するとしても，そこには共通の理解の存することは否定できない。しかも異なる専門領域間で同一の問題を取り扱うこともありうるので，そのような場合には，比

較論的考察が有意義である。

　資本主理論によるならば，企業の会計は資本主や株主等企業の所有者について行われ，したがって会計のメカニズムは，資本主や株主の利益を計算し，会計期末における資本主や株主の財産状態を把握するものとして構築される。資本主理論においては，企業の資産は資本主や株主の保有する財産であり，負債は資本主や株主の負っている債務とみなされる。そして資産と負債との差額である正味財産すなわち純財産は資本主や株主に帰属する資産の正味在高を意味している。さらに企業が資本を運用することによって営まれる経営活動の成果としての利益は資本主や株主に帰属すると考えられる。換言すれば，資本主理論においては，

　　資産（プラスの財産）－負債（マイナスの財産）＝資本（正味財産）

という等式で定義される資本が，資本主や株主に帰属する財産を表わし，資本の運用の結果として稼得された正味財産の増殖部分が資本主や株主の利益を表わすものとみなされる。

　資本主理論は所有と経営の分離していない，所有経営者を中心とする企業の実態に適合する会計主体観として妥当性を有している。そのような企業においては，企業の所有者たる資本主や株主が直接経営にたずさわるのであるから，企業の所有者が経営に対する支配権を掌握しており，所有経営者が企業そのものを代表している。したがって所有経営者であり，企業内部者たる資本主や株主は，企業外部者である債権者，取引先等とまったくその立場を異にしている。これに対して所有と経営の分離した大規模株式会社においては，株主のほとんどが企業の経営に直接参画しない，たんなる資金提供者であるにすぎない。それゆえにほとんどの株主は，法律的には企業の所有者であっても，それは名目的なものにすぎず，実質的にはたんなる企業に資金を提供する外部者にほかならない。その結果，株主のほとんどが債権者や取引先と実質的に相違のないものとなり，企業をめぐ

る利害関係者のグループに変容してゆく。このような状況の妥当する大規模企業においては，資本主や株主を会計の主体とする考え方は妥当性を失うこととなり，企業実体論等他の会計主体観に地位を譲らざるをえない。

　企業実体論は，企業主体論等ともよばれ，資本主理論に対比される会計主体観である。企業実体論によれば，企業それ自体を株主や債権者等とは別個の独立の主体とみなす。資本主理論が資本主や株主を企業の実体とみるのに対して，企業実体論においては企業は株主や債権者等と並ぶ独立の主体と考えられている。したがって，株主や債権者等は独立の主体たる企業にとって外部の利害関係者グループとして位置づけられる。民法における法人理論上の法人実在説は会計主体論における企業実体論に対応するものである。また法人税法上の法人独立課税主体説も企業を株主とは別個の独立の主体であるとみなす点において会計理論上の企業実体論と同じ考え方に立つものといえよう。

　企業実体論によるならば，企業の会計は，株主から独立して別個の人格を有する企業それ自体について行われる。期間損益計算も期末における財政状態の確定も，すべてこの企業実体に関するものとして展開される。企業実体論においては，企業資産は企業それ自体の保有するものであり，負債も企業実体の負担する債務とみなされる。経営活動の成果たる利益も企業実体に帰属し，利益処分の過程を経てはじめて株主等に分配され処分される。企業実体論は，企業が大規模化し，所有と経営の分離が進んでいる経済情勢の下において，経営に参加しない株主が大方を占める企業にあっては，株主は，経営的には，たんなる資金の企業への提供者として債権者と同質化している現実を反映して成立したものである。法律的には，株主と債権者とは別個の性格のものとして取り扱われてはいるものの，企業経営に対する両者の立場は，資金の提供者として同質化しているという実情を反映して，企業の財政状態は次の等式によって表明される。

財　産（property）＝持　分（equity）

　ここに財産とは，企業実体の所有する資産を意味しており，持分は株主や債権者の企業財産に対する請求権を表わしている。持分は，周知のように，債権者持分たる負債と株主持分たる資本とから成り立っている。しかしながら企業実体論においては，両種の持分は，その相違点よりも同質性に重点がおかれる形で認識されているのである。

　次にわが国における制度会計の3つの柱をなす商法会計，証取法会計および税法会計が以上に考察した会計主体観ないし法人の本質観のいずれに立脚しているかについて考えてみることにしよう。まず商法会計は，端的にいって，資本主理論に立脚しているとみることができる。その判断の根拠は，商法における会計関係規定から帰納的に推論する以外に方法はない。商法会計が資本主理論に立脚していると容易に推論しうる根拠は，資本準備金および剰余金の概念，強い債権者保護思考等に見出される。それならばなにゆえに商法が資本主理論に立脚しているのであろうか。その根拠について考えてみることにしよう。

　商法は1950年に戦後最初の改正が行われて以来，数回にわたって改正を重ね，今日にいたっている。債権者保護を志向し，財産法に基盤をおいていた当初の商法の会計関係規定は，改正を重ねるたびに株主保護的志向をも加味し，損益法的会計の要素を導入してきた。しかしながら商法会計は全面的に損益法的会計への移行を完了したわけではない。債権者保護志向をいぜんとして残し，さらに債権者保護と株主保護との調整をはかろうとする意図を数々の規定において具体化しているからである。商法の適用対象となる商人は，個人商人から人的会社，さらに物的会社にまで及んでいる。個人商人や人的会社と物的会社とでは，その企業としての性格は著しく異なる。個人商人，人的会社および非公開の小規模株式会社においては，資本主理論が妥当する。これに対して株式の公開されている大規模株式会

社においては，企業実体論がふさわしい。企業の数からいって，個人商人や小規模会社が圧倒的多数を占め，大会社はこれに比してごく少数しか存在しない現在のわが国においては，商法会計上前者を対象とする資本主理論を会計主体観に採用するのが相当であろう。

これに対して証取法会計においては，企業実体論が採用されている。企業会計原則を中心とする一般に認められた会計基準における諸規定の基盤はすべてこの企業実体論におかれている。証取法会計の適用対象会社が株式の公開された大企業であることからすれば，それは至極当然のことといわなければならない。

最後に現在の税法会計，具体的には法人税法に係る会計においては，資本主理論と軌を一にする株主集合体説がとられている。これまでに法人税法においては，法人独立課税主体説が採用されたこともあったが，シャウプ勧告以降の現行の法人税法においては，株主集合体説がとられている。そのことは資本等取引や資本積立金額の概念，法人・個人間の二重課税の排除の方式の導入されていること等においてはっきりと読み取ることができる。

3　会計主体観や法人観に基づく諸概念の定義

会計主体観や法人観は諸概念の定義に著しい影響を及ぼす。ここではその中でも資本取引と資本剰余金（企業会計原則），資本準備金（商法）および資本積立金額（法人税法）を中心にして考えてみることにしたい。

企業会計原則においては，資本剰余金と利益剰余金との厳格な区別が要求されている。資本剰余金は資本取引から生じ，利益剰余金は損益取引によって得られた利益を源泉とするものであることを明らかにし，資本剰余金と利益剰余金との区別を，これを生ぜしめるもととなる企業の取引活動

の相違に求めている。したがってある剰余金項目が資本剰余金に属するか，それとも利益剰余金の性格を有するかを判別する場合には，その判断規準を取引の相違に基づかしめることになる。

　商法においては，資本取引なる概念は用いられていないが，資本準備金，利益準備金，剰余金等の概念を用いているのであるから当然のこととして，資本取引や損益取引の概念を暗黙のうちに予定しているものと思われる。それはまた商法第32条第2項の公正なる会計慣行の斟酌規定を通じて読み取ることもできるであろう。法人税法においては資本積立金額の概念を用い，さらに資本等取引なる語を使用している。つまり法人税法上資本取引に相当する概念が存在することは明らかである。

　企業会計原則においては，資本取引を資本そのものを増減変動，移転等する取引と解されている。ここで資本そのものの増減変動等とは，資金を経営活動に投入して運用することによるのではなく，資本の調達による増加，減少，ある株式から他の種類の株式への転換，社債の株式への転換，資本準備金や利益準備金の資本への組入れ等株主の醵出額の増減変動から，国，地方公共団体等からの資本助成，債務免除，保険給付等企業への各種利害関係者からの資金の流入等にいたるまでの広い範囲にわたって資本の増減変動をもたらす取引をさしている。既述のように，企業会計原則においては，企業実体論を採用しており，株主，債権者等から別個独立の企業実体を想定している。したがって，株主とその他の利害関係者とは並列的な関係におかれ，株主からの資本の醵出も国等からの資本助成，債権者による債務の返済免除等も同列に取り扱われている。企業それ自体の独立的存在を前提とするならば，株主と企業との距離や関係も他の利害関係者と企業との距離や関係もともに等距離にあり，また同質の関係にあるとみなされるのである。企業会計原則においては，資本取引を以上のように理解するために，これに応じて損益取引の内容も規定される。つまり損益取引

は資本を経営活動に投入し，運用することによって費用や収益を生み出す取引であると解される。したがって，たとえば国が企業に資本助成のために国庫補助金を提供する取引は，資本を経営活動において運用する取引ではないので損益取引ではなく資本取引であって，提供された補助金は利益とはみなされないのである。

かくて企業実体論に立脚する企業会計原則においては，資本取引と損益取引とを以上のように規定し，区別するところから，企業をめぐる各種の利害関係者の企業に対する資金提供活動である資本取引から生ずる株式払込剰余金，合併差益，減資差益（以上は株主の醵出した資金およびこれを源泉とするもの），債務免除益（債権者の権利放棄によるもの），国庫補助金，建設助成金（国や地方公共団体の提供したもの），工事負担金（需要者等からの資金の提供），保険差益（固定資産の評価修正額）等は資本取引によるものであって資本剰余金として取り扱われなければならない。他方当期純利益のうち利益処分によって企業内に留保蓄積されたものは利益を源泉とするものであるところから，利益剰余金に分類される。企業会計原則上，資本剰余金は以上のように概念規定されているが，資本剰余金の会計処理については，商法における処理法にならって，その他の資本剰余金すなわち株主の醵出額を源泉とするもの以外は，当期利益に含められ，利益処分の手続きを経て企業内に蓄積される。つまりその他の資本剰余金は，商法会計と証取法会計との実質的一元化の方針に従って，利益剰余金と同一に取り扱われることになっているのである。

商法においては，企業会計原則上の資本剰余金のうち，株主からの醵出額およびこれに由来するものだけを資本準備金とし，資本に準ずる項目として取り扱う。その他の資本剰余金は株主以外の関係者から提供されたものであるから，配当可能利益の計算にさいして，利益の一種としてこれに関与せしめられる。その他の資本剰余金を企業内に留保するためには，利

益処分にあたって任意積立金と同様に株主総会における承認を得なければならない。このようにして資本主理論に立脚する商法においては，株主以外の関係者から提供された資金等は損益取引による利益とみなされて，配当可能利益の計算に含められなければならない。株主の集合体として企業の本質規定を行う商法における株主の立場からすれば，その他の関係者から投入された資金は利益にほかならないとするのである。

　法人税法は1950年のシャウプ勧告に基づく改正にさいして，法人を独立の納税主体とみなして課税する法人独立課税主体説を廃して，法人は株主の集合体であり，個人的利益追求の手段であるとする株主集合体説を採用した。そして法人が内国法人より受け入れた配当金等は益金に算入しないでよいこととし，また個人株主が法人より受け取った配当金は総所得に算入すると同時に，配当金額の25％に相当する額を所得税額より差し引いて，法人と株主個人との間の二重課税をさける方式がとられた。株主集合体説をとる法人税法においては，企業会計原則における資本取引に見合うものとして資本等取引の概念がある。資本等取引とは，法人の資本または出資金の額と資本積立金額との合計である資本等の金額の増減を生ぜしめる取引および法人の利益または剰余金の分配取引を意味している。資本等取引からは，株式払込剰余金，減資差益金，合併差益金のうち被合併法人の資本積立金額から成るもの等のような差益，または減資差損金，合併差損金などの差損が生ずる。これらの差益や差損は資本主や株主との間の取引によって生ずるものである。このようにして一方資本主理論に立つ商法における資本取引およびこれより生ずる株式払込剰余金等の資本準備金の概念と他方株主集合体説に立脚する法人税法上の資本等取引のうち利益または剰余金の分配取引を除くものおよび資本積立金額の主要なものとは大筋において一致しているのである。当然のこととして国庫補助金，建設助成金，債務免除益等を生ぜしめる取引は法人税法上資本等取引には含まれず，ま

たこれらの項目は資本積立金額としては取り扱われることなく，益金に算入される。つまりこれらの項目は損益取引による利益とみなされているのである。

4　制度会計の目的・基本理念等と主体観

　主体観は制度会計における目的・基本理念等と密接に結びついており，これらと整合的でなければならない。そこで3つの制度会計における目的や基本理念等と主体観との関係について考えてみることにしよう。

　企業実体論に立脚する証取法会計においては，資本取引の概念を企業と株主との間の資本醵出やこれに基づく資本の増減移転取引だけではなく，債権者その他の利害関係者の企業への資金提供取引をも含む広義のものとして設定した。それゆえに資本剰余金が商法上の資本準備金や法人税法上の資本積立金額よりも外延の大なる集合となっている。いますべての資本剰余金が資本金に準ずるものとして，商法上の資本準備金と同様に取り扱われるものとするならば（現在においては商法会計との一元化の趣旨に沿ってその他の資本剰余金は利益として取り扱われているのであるが），株主への配当財源の範囲は狭められることとなって，配当可能利益の算定に係る株主の立場は不利となる。これに対して企業それ自体の立場からすれば，企業資金の蓄積が豊かとなって，その財務的状況は強化されることになる。このことは債権者の立場からみても好ましいものといえよう。このようにして企業実体論は企業それ自体や債権者の立場にとって有利な結果をもたらし，他方株主にとっては不利となる。

　1948年に証券取引法が制定され，1949年に企業会計原則が設定されることによって発足した証取法会計において，第二次世界大戦の結果潰滅状態に陥ったわが国経済の担い手たる企業の再建を通じて，経済復興をはかろ

うとした当時の日本の意図が読み取れるのである。つまり企業実体論をとることによって，大企業の資本蓄積を押し進め，このようにして企業活動を活発化して経済再建を推進しようとしたのである。有価証券の流通を円滑ならしめることによって企業資金の調達をはかろうとする証券取引法は，大企業に適合する企業実体論を採用することによって上のごとき目的ないし社会的使命の達成を容易ならしめようとしたものと推測される。

商法会計は小規模会社に妥当する資本主理論を導入することによって，資本取引を狭義に概念規定し，かくして資本の一種としての性格を有する資本準備金の範囲を限定した。こうすることによって株主以外の利害関係者の企業に提供した資金を利益とみなして配当可能利益の計算に含ましめた。配当可能利益に関与する利益の範囲を広く定めることによって，株主への配当原資が豊かに確保されることになる。このようにして資本主理論は株主に対して配当可能利益の算定をめぐって有利に作用している。だがこれは企業それ自体の立場や債権者の立場からは歓迎されるべきことではないであろう。商法第290条において，債権者の立場に配慮して配当可能利益の計算に制約条件を付しているのは，このような株主に有利な措置に対する調整を意図したものにほかならないのである。資本主や株主の立場にとって資本主理論の採用によってもたらされる有利さは，株主や資本主が企業の実質的主体をなしている個人企業，人的会社および非公開の株式会社においては当然のことであろう。資本主理論はこのようにしてまさに資本主や株主に有利な主体観であるといわなければならない。

法人税法を中心とする税法会計においては現在株主集合体説がとられており，それは前述のごとく1950年のシャウプ勧告に基づく税制改正以後のことに属する。株主集合体説はすでに述べたように資本主理論の系譜に属し，したがってそのもたらす作用は資本主理論と同様である。1950年という年は第二次世界大戦後5年目のことであり，わが国経済は復興に全力を

注いでいる時期であった。株主集合体説は，先に述べたように，法人・個人間の配当をめぐる二重課税を排除する上で効果的である。つまり株主集合体説を，それまでの法人独立課税主体説という二重課税の論拠ともいうべき説を廃して，採用したことのねらいは，配当に関する二重課税をさけることによって，株式投資に対する誘因をもたらすことにあったことは疑う余地がない。だが興味深いことは，第二次世界大戦直後の同じ時期にあって，証取法会計が企業実体論を採用することによって企業の資本蓄積を容易ならしめんとし，税法会計が株主集合体説に変更することによって株式投資を税制上奨励したことである。現実には，これら2つの制度会計がそれぞれに独自の主体観を採用することにより，両々相まって効果を倍加することが真のねらいであったであろうことは容易に想像しうるところである。

　税法会計においては，株主集合体説をとることによって株式投資への誘因を与える形で経済政策の一環として，いわゆるビルト・イン・ステイビライザーとして社会的使命を果たしたものの，他方二重課税の排除によって課税所得が小となり，徴税上法人税額の減少を余儀なくされることとなった。後者は前者に対するコストと考えなければなるまい。だが株主集合体説が二重課税の排除により，納税者に対して税負担の合理化の印象を与えたことは大きな貢献であるといわなければならない。だがそれにも増して企業会計原則上のその他の資本剰余金が，株主集合体説の下にあっては，利益とみなされて益金に算入され課税所得を構成するという事実を見過ごすことができない。このようにして配当の二重課税排除による法人税の徴収減は，その他の資本剰余金の益金算入により，償って余りある徴税効果をあげうる可能性をもつこととなった。法人税をはじめとする税の，財政収入源の獲得や経済政策の一環としての社会的役割には，深甚なる興味を抱かざるをえないのである。

（注）
(1) 渡辺淑夫著『法人税法』1996年，中央経済社，6－7ページ参照。
    山本守之著『租税法』1992年，税務経理協会，292－293ページ参照。
(2) 渡辺前掲書，294－296ページ参照。
    武田隆二著『法人税法精説』1982年，森山書店，7－11ページ参照。

III 法人税法における基礎概念(2)
―― 納税義務者，事業年度，納税地 ――

1 納税義務者

1 法人税法における納税義務者としての法人

　法人税の納税義務者は文字どおり法人である。法人税法においては，一定の要件に従って，すべての法人に対して納税の義務を課している。しかしながら法人の種類によって，課税の対象とするか否か，また法人の行う事業の性格によって課税の負担が異なるなどその税制上の取扱いが相違している。すなわちすべての法人に対して一律に課税するのではなく，一方国や地方公共団体およびこれらに準ずる性格をもつ公社や公団のような特殊法人に対しては法人税を課さないし，公益法人等については収益事業から生じた所得に対してのみ低率課税をする。他方普通法人についてはすべての所得に対し普通税率で課税するといった具合である。要するに法人の活動目的，社会的存在意義などに応じて，法人税の課税の仕方を変えているのである。
　法人税課税の対象となる法人は，社会的行動を行っている自然人以外の組織体であり，法律に基づいて設立が認められ，法人格をもち，法律上自然人と同様に権利・義務の主体となり，法律行為を行うことのできる存在であって，社団または財団の形をとる。
　しかしながら法人税法上，法人と同様に取り扱われるが法人格をもたない組織体がある。それは権利能力なき社団または財団もしくは人格のない

社団または財団とよばれている任意団体である。このような団体は法人格をもたない同窓会，政党，同業者団体などである。これらの団体は法人格こそもたないものの，社会的には法律上の法人と同様に活動するものであるから，法律上法人に準ずるものとして取り扱うケースが多くみうけられる。すなわち必要な範囲内において法人とみなす規定を設けている法律が少なくないのである。そこで法人税法においても，人格のない社団または財団で代表者等の定めのあるものについては，これを法人とみなして法人税法の規定を適用することになっている（法法3条）。

2　内国法人と外国法人

法人税法上，法人はまず大きく内国法人と外国法人とに分類される。内国法人とは，国内に本店または主たる事務所を有する法人をいい，外国法人とは，内国法人以外の法人をいうと定義されている（法法2条3，4号）。内国法人については，国内源泉所得についても，また国外源泉所得についても，原則として法人税を納める義務が課されており（法法4条1項），これに対して外国法人については，国内源泉所得を有するときにだけ，法人税を納める義務がある（法法4条2項）。

国際税法上，所得の発生する源泉や財産の存在するところが国内であるか国外であるかにかかわらず，すべての所得または財産に対して課税される者を無制限納税義務者という。これに対して原則として国内に発生源泉のある所得または国内に存在する財産に対してだけ課税される者を制限納税義務者と称する。無制限納税義務者と制限納税義務者とを区別する基準をどのように定めるかは重要な問題である。

法人につき，無制限納税義務者を定める基準として次のいくつかの考え方がある。第一は，その国に本店を有する法人をもって無制限納税義務者とするもので，これを本店所在地主義という。第二は，その国の法律に

よって設立された法人を無制限納税義務者とする準拠法主義である。第三は，事業が実際上管理支配されている場所がその国にある法人を無制限納税義務者とする管理支配地基準である。わが国の法人税法は原則として本店所在地主義をとっている。

以上を要するに，内国法人は，公共法人のごとき非課税法人を除き，所得の発生が国内，国外を問わず，原則としてすべての所得につき法人税を納める義務をもつ無制限納税義務者である。これに対して外国法人は国内源泉所得すなわち日本国内に源泉のある所得についてのみ法人税を納める義務をもつ，制限納税義務者である。

3 公共法人

公共法人は，内国法人についてみれば，「法人税法別表第一　公共法人の表」に記載され限定列挙されている法人をさしている（法法2条5号）。具体的には，地方公共団体をはじめ，国民生活金融公庫，国民生活センター，新東京国際空港公団，日本放送協会等である。これら公共法人にあげられている団体は，特別法に基づいて公共目的のために設立された特殊法人である。たとえば，地方公共団体は地方自治法に，国民生活金融公庫は国民生活金融公庫法に，国民生活センターは国民生活センター法に，新東京国際空港公団は新東京国際空港公団法に，また日本放送協会は放送法に基づいて設立されているごとくである。公共法人はまったく課税されることのない非課税法人である。国も法人の一種であり，非課税の規定はないが，法人税の納税義務はない。国も地方公共団体も同様に課税権をもっており，したがって納税の義務を負うことは矛盾するものと考えられる。

外国法人で公共法人としての取扱いを受けようとするときには（外国公共法人），必要書類を財務大臣に提出して申請し，相互主義に基づいて個別に指定を受けてはじめてそれが実現する。すなわち外国法人にあっては，

実質的に内国法人としての公共法人と同じ性格をもっていたとしても，外国公共法人としての指定を受けない限り，自動的に非課税法人となることはないのである（法令2条1項）。

4 公益法人等

公益法人等とは，内国法人については，「法人税法別表第二　公益法人等の表」に限定列挙されている法人をいう（法法2条6号）。公益法人等は，民法第34条の規定により設立された財団法人および社団法人ならびに特別の法律に基づいて設立された宇宙開発事業団，厚生年金基金，宗教法人，酒造組合等の法人である。これらの法人は民法および特別法に基づき，主務官庁等の許認可によって設立され，公益を目的とするところから，公共法人に準ずる性格をもつ側面がある。公共法人と異なるのは，その事業の中に所得を生ぜしめるものがある点である。民法上の公益法人以外の公益法人等の根拠法規は，たとえば，宇宙開発事業団については宇宙開発事業団法，厚生年金基金については厚生年金保険法，宗教法人については宗教法人法，酒造組合については酒税の保全及び酒類業組合等に関する法律等々である。内国法人である公益法人等については，各事業年度の所得のうち収益事業から生じた所得についてのみ低税率の法人税が課せられる（法法66条3項）。すなわち，各事業年度の所得のうち収益事業から生じた所得以外のものおよび清算所得については，法人税を課さないことになっている（法法7条）。清算所得に法人税を課さないのは，公益法人等の残余財産はその構成員に分配されることがないためである。清算所得に対して法人税は課されないが，清算中に収益事業から生じた所得がある場合には，これに各事業年度に対する法人税が課される。

外国法人で公益法人等としての取扱いを受けるもの，すなわち，外国公益法人等についても，外国公共法人と同じように，各事業年度の所得のう

ち収益事業から生じた所得についてのみ課税され,それ以外の各事業年度の所得については法人税が課されない。外国法人で公益法人等としての取扱いを受けるには,外国公共法人の場合と同様に,相互主義により財務大臣に申請書を提出し,個別にその指定を受けなければならない(法令3条1項)。

5 協同組合等

協同組合等とは,「法人税法別表第三 協同組合等の表」に記載されている法人をいう(法法2条7号)。具体的には,生活衛生同業組合,漁業協同組合,商工組合,信用金庫,農業協同組合等であり,それぞれが特別の法律に基づいて設立される。たとえば,生活衛生同業組合は生活衛生関係営業の運営の適正化及び振興に関する法律に,漁業協同組合は水産業協同組合法に,商工組合は中小企業団体の組織に関する法律に,信用金庫は信用金庫法に,また農業協同組合は農業協同組合法にそれぞれ基づいている。協同組合等に分類される法人はその構成員が相互扶助の精神に基づいて共同で事業をすることを目的に設立される共同体的性格をもつ特別の法人であり,公益性を目的とするものでも,営利を目的とするものでもない。そのために協同組合等に属する法人はそのすべての所得に対して課税される。しかしながらその共同体的性格に照らして,低率で課税する(法法66条3項)など税率その他の面で種々の特別な取扱いがなされている。

協同組合等は内国法人に限定されており,外国法人で協同組合等として取り扱われることはない。それは,外国法人たる協同組合等には低率課税をする理由がないために,普通法人として扱われるからである。

6 人格のない社団等

人格のない社団等とは,法人でない社団または財団で,代表者または管

理人の定めのあるものをいい（法法2条8号），法人税法上は法人とみなしてこの法律の規定を適用する（法法3条）。人格のない社団等として取り扱われる団体は法人格をもたない政党，同業者団体，同窓会などの任意団体で，無数に存在する。人格のない社団等は法人税基本通達上は「法人でない社団」とよばれている。法人でない社団とは，多数の者が一定の目的を達成するために結合した団体のうち法人格をもたないもので，たんなる個人の集合体ではなく，団体としての組織を有して統一された意思の下にその構成員の個性を超越して活動を行うものである。だが民法第667条《組合契約》の規定による組合や商法第535条《匿名組合契約》の規定による匿名組合は，たんなる契約関係であって団体としての個性をもたないので，法人でない社団には含まれない（法基通1－1－1）。

　内国法人である人格のない社団等については，収益事業を営む場合に，これより生じた所得について普通税率を適用した法人税を納める義務がある（法法4条1項）。外国法人である人格のない社団等については，収益事業から生ずる国内源泉所得に対して普通税率を適用した法人税が課される（法法4条2項）。

7　普通法人

　普通法人とは，公共法人，公益法人等および協同組合等以外の法人をいい，人格のない社団等を含まない（法法2条9号）。これについては内国法人，外国法人の別なく同様に取り扱われる。普通法人には商法上の合名会社，合資会社，株式会社，有限会社法上の有限会社といった会社をはじめ多種類の普通法人がこれに属する。商法や有限会社法に基づく普通法人以外のものも，それぞれ根拠となる法律によって設立される。たとえば，日本銀行法に基づく日本銀行，医療法に基づく医療法人，中小企業等協同組合法に基づく企業組合等がその例である。

内国法人たる普通法人は，所得の源泉地が日本国内であれ，国外であれ，すべての所得について課税される。他方外国法人たる普通法人は国内源泉所得につき日本で課税される（法法4条1，2項）。なお国内源泉所得は，国内において行う事業から生ずる所得，国内にある資産の運用，保有もしくは譲渡により生ずる所得その他その源泉が国内にある所得として政令で定めるもの，国内において行う事業の広告宣伝のための賞金として政令で定めるものその他多岐にわたっている（法法138条）。

内国法人である普通法人については，各事業年度の所得や清算所得に対して普通税率での課税が行われる（法法5条，66条1，2項）。外国法人たる普通法人については，国内源泉所得に対して普通税率を適用して課税が行われる（法法9条，143条1項）。

2 事 業 年 度

1 事業年度とその設定

企業会計は，一会計期間を独立の時間的単位として会計計算を行い，経営成績や財政状態を明らかにする。すなわち，期間計算の公準を前提として，各期間があたかも独立したものであるかのごとく仮定して計算上の区切りをつけることを特色としている。その計算的区切りを会計年度または営業年度という。継続事業（going concern）を前提とする限り，会計年度ごとの期間計算を行うことが不可欠である。

法人の事業活動に係る課税所得の計算を行い，法人税額を算定する法人税法においても当然のことながら営業年度の概念が必要である。この場合法人税法においては事業年度なる用語が用いられている。法人税法上事業年度とは，営業年度その他これに準ずる期間で，法令で定めるものまたは法人の定款，寄付行為，規則もしくは規約に定めるものをさしている（法

法13条1項)。法人税の中でもっとも重要なものは，各事業年度の所得に対するものであり，これについては各事業年度を期間的区切りとして課税所得の計算とこれに基づく税額の算定が行われる。しかしながら継続事業を前提とする各事業年度の課税所得の計算だけではなく，清算中の各事業年度の所得に対する法人税額も各事業年度について算定される。このようにして法人税法における課税所得の計算にさいしても，事業年度はきわめて重要な概念となっている。

営業年度その他これに準ずる期間について定めのない法人については，内国法人はその設立の日から2か月以内に，また外国法人は国内源泉所得を有する外国法人となった日から2か月以内に，営業年度等の期間を定めて所轄税務署長に届け出なければならず，届け出た期間が税法上事業年度とされる。このような届け出がない場合には，納税地の所轄税務署長はその営業年度の期間を指定して，これを通知する。人格のない社団等で事業年度その他これに準ずる期間を定めて届け出をしない場合には，その営業年度等はその年の1月1日から12月31日までの期間とする。ただし収益事業を新たに開始した場合には，収益事業開始の日から12月31日までの期間を一事業年度とする。法人が定款等で定めている営業年度等の期間または届け出た期間が1年をこえる場合には，当該期間をその開始の日以後1年ごとに区分した期間を事業年度とする。なお1年未満の期間を生じたときは，その1年未満の期間を一事業年度とする（法法13条1，2，3，4項)。

法人税法上，事業年度は非常に重要な基礎概念であり，企業等法人の現実はきわめて多用であるため，これに対応して以上のように非常に厳密にまた詳細に事業年度設定に関する規定を設けているのである。

2 みなし事業年度

継続事業を前提とする法人の事業年度は以上に述べたようにして決定さ

れるが，法人の解散，合併等清算ベース（liquidation basis）の下においては，事業年度の区切りはそれぞれの事情に応じて特別な形で行われることになっている。このようにして決定された特別な年度をみなし事業年度という。法人が次の場合に該当するようになったときは，それぞれの期間をもってその事業年度とする（法法14条1〜6号，138条2号，141条4号）。

(1) 内国法人である普通法人または協同組合等が事業年度の中途において解散した場合には，その事業年度の開始の日から解散の日までの期間および解散の日の翌日からその事業年度の末日までの期間が一事業年度となる。

(2) 法人が事業年度の中途において合併により消滅した場合には，その事業年度の開始の日から合併の日までの期間を一事業年度とする。なお合併法人における合併の日とは，その合併期日として定めた日をいう。

(3) 清算中の法人の残余財産が事業年度の中途において確定した場合には，その事業年度開始の日から残余財産の確定の日までの期間を一事業年度とする。

(4) 内国法人である普通法人または協同組合等で清算中のものが事業年度の中途において継続した場合，その事業年度開始の日から継続の日の前日までの期間および継続の日からその事業年度の末日までの期間をそれぞれ一事業年度とする。

(5) 外国法人が事業年度の中途において国内源泉所得を得る事業の種類を変更したときには，その事業年度の開始の日から変更した日の前日までの期間および変更した日からその事業年度の末日までの期間をそれぞれ一事業年度とする。

(6) 外国法人が事業年度の中途において人的役務の提供を主たる内容とし，それより対価を受ける事業を開始し，または当該事業を廃止した場合，その事業年度開始の日から当該事業の開始の日の前日までの期間または

当該事業の廃止の日までの期間およびこれらの日の翌日からその事業年度の末日までの期間を一事業年度とする。

　法人が営業年度等を変更したとき，または新たに営業年度等を定めた場合には，遅滞なく変更前および後の営業年度等，または定めた営業年度等を所轄の税務署長に届け出なければならない（法法15条）。

3　納　税　地

　納税地とは，納税者が申告，申請，届け出，納付など税法上の行為（手続き）をするにあたって，管轄区域について権限をもつ税務官庁を定める基準となる場所をいう。内国法人の法人税の納税地は本店（会社の場合）または主たる事務所（会社以外の法人の場合）の所在地となっている（法法16条）。外国法人の納税地は，次の区分に従って定められている（法法17条1，2，3号）。

　日本国内に支店その他の恒久的施設を有する外国法人にあっては，国内において行う事業に係る事務所，事業所その他これに準ずるものの所在地が納税地となる。すなわち支店等の所在地が納税地となり，もし支店等が2つ以上あるときには，主たるものの所在地がそれになる。

　以上の場合に該当しない外国法人で，不動産の貸付け等により対価を受けるものについては，その対価に係る資産の所在地が納税地となる。ただし船舶または航空機の貸付けによる対価を受けるものはこれに含まれない。その対価に係る資産の所在地が2以上ある場合には主たる資産の所在地を納税地とする。

　上記2つの場合に該当しない外国法人については，法人税法施行令第16条に規定する区分に応じて定められた場所をもって納税地とする（法法17条3号）。

法人の納税地が法人の事業または資産の状況からみて納税地として不適当と認められる場合には，その納税地の所轄の国税局長は法人税法第16条および17条の規定にかかわらず，その法人の納税地を指定することができることになっている（法法18条1項）。

　法人は納税地に異動があった場合には，政令の定めるところに従って，異動前の納税地の所轄税務署長および異動後の納税地の所轄税務署長にその旨を届け出なければならない（法法20条，法令18条）。

〔参考文献〕
- 武田隆二著『法人税法精説』1982年，森山書店
- 渡辺淑夫著『法人税法』1996年，中央経済社
- 清永敬次著『新版税法』（全訂）1995年，ミネルヴァ書房

IV 法人税法における基礎概念(3)
——課税所得,企業利益——

課税所得,とくに各事業年度の所得

　法人税法において課税所得は重心をなすものであって,もっとも重要な基礎概念である。法人税法における各事業年度の所得の計算は,後述するように,確定決算基準に従って,商法会計における決算によって算定され,株主総会において承認確定された当期利益を受け,これに税務調整を加えることにより実施される。すなわち各事業年度の所得は企業利益に基づいて算定されることになっている。このようにわが国の制度会計において,課税所得とりわけ各事業年度の所得および企業利益の概念は相互に密接な関連を有している。したがって所得概念を正しく理解するためには,企業利益に関連づけてその性格を認識することが必要である。本章では,このような問題意識に基づいて所得の本質と特性について考察することにする。そこでまずはじめに所得概念について述べ,次に企業利益概念の特質を明らかにする。そして所得の概念を企業利益概念と対比することによって,前者の特質を浮き彫りにしたいと考えている。

1　所得の概念

　わが国の法人税法においては,第21条《各事業年度の所得に対する法人税の課税標準》において,「内国法人に対して課する各事業年度の所得に対する法人税の課税標準は,各事業年度の所得の金額とする。」として,

法人の各事業年度の所得を課税標準として法人税を課する旨を定めている。そして同法第22条第1項において,「内国法人の各事業年度の所得の金額は,当該事業年度の益金の額から当該事業年度の損金の額を控除した金額とする。」として法人の各事業年度の所得についての定義を行っている。つまり各事業年度の所得の概念を次の定義式に表わされるように規定しているのである。

　　　法人の各事業年度の所得＝各事業年度の益金－各事業年度の損金

　概念の定義の方法には,指示による定義,同義語による定義,唯名式定義,発生的定義,実質的定義,操作的定義等各種のものがある(注)。法人税法が採用している所得の概念規定の仕方は上記の諸定義法のうちの操作的定義に該当する。この定義法についてしばらく述べることにしよう。

　操作的定義は概念の示す対象がいかにして実験観察されうるか,その対象をいかにして他のものから識別し,その特性を定めるかという一連の操作を通じて概念の属性を規定する定義法である。この定義法を実施するにあたっては操作が適用されるところから,被定義項が操作の対象となりうるもの以外には適用されえない。ここに操作（operation）とは,実験,観察,測定等の行動をさしている。したがって操作は定量化を含意しているので,その過程は数値的に測定されることを特徴とする。そのために測定の対象となりえない事項には,この定義法を適用することができないのである。

　会計学（税法会計を含む）上の概念,とくに会計測定の対象となり,その結果が会計報告書に記載されるような諸概念は操作的であるから,この定義法の適用対象になりうる。それゆえに会計学上この定義法を用いた例は多数みうけられる。とくに数式（定義式）を用いて概念規定されうる事項はこの定義法の典型的な例である。たとえば資本等式は,「資本＝資産－負債＝プラスの財産－マイナスの財産＝純財産」として示され,これは資

本の操作的定義にほかならない。これに対して「資本は株主の醵出額および企業利益の社内留保額から成る」とする定義は操作的定義ではなく，発生的定義に属する。営業利益とは「当期売上高より売上原価を差し引いて売上総利益を求め，これよりさらに販売費・一般管理費を差し引いたもの」であるとする定義も操作的定義法によっている。

法人税法第22条第1項に示されている各事業年度の所得についての規定も，以上によって理解されうるように，操作的定義法に基づく所得の概念規定である。操作的定義法は数式等によって表現されるものであるため，一見概念の定義には当たらないかのようにも思われるが，上述のことからその間の事情は理解されうるであろう。

所得概念についての法人税法第22条第1項の定義は「益金と損金の差をもって所得とする」ところから所得は差異概念であり，したがって所得はその性格や大きさが益金および損金の性格および大きさに依拠して決定される従属変数にほかならない。そこで法人税法第22条では，第2項において益金の，さらに第3項において損金の定義を行っているのである。そしてさらに同法第23条以下において，益金および損金に算入される項目について，または算入されない項目について詳細に規定している。益金および損金の性格，その内容，企業会計上の収益および費用との関係などについては，第Ⅴ章以下で取り扱うことにする。

2 企業利益の概念

所得概念の特質を明らかにする場合，これまでは，所得の発生源泉の経常性や反覆性を重視し，非経常的，臨時的な経済価値の増加（企業の純財産の増加）はこれを所得に含めないことを主張する源泉説（Quellentheorie）および経常性・反覆性や非経常性・臨時性を問わずすべての経済価値の増加を所得に含める純財産増加説（Reinvermögenszugangstheorie）

が参照されてきた。本章では,これに代わって企業会計上の利益の特質を表わす諸概念を用い,これに対比する形で各事業年度の所得概念の性格を分析することにした。そこで本節では,企業会計上の利益の諸特質について述べることにする。

(1) **企業利益の一般概念**

企業会計上,利益とは収益と費用との差額として計算されるものであって,一種の差額概念にほかならず,利益が単独に算定されることはない。したがって利益は次の定義式によって概念規定される。

利益＝収益－費用

今日の企業会計においては,収益および費用はともに一会計期間について計算,把握されるので,両者の差額概念たる利益も当然期間利益として,すなわち期間について計算される。また具体的には,利益にも各種のものがあるために,利益なる語にはその前にそれぞれの性格を表わす形容詞を冠して用いている。たとえば当期純利益,営業利益,経常利益のごとくである。たんに利益といった場合には,一会計期間の総収益から総費用を差し引いた結果である期間純利益をさすのが普通である。これらの利益はすべて損益計算書において算定,表示される。

損益計算書においては,企業の経営活動をその種類に応じて分類し,それぞれの活動によって獲得される収益とこれを得るために犠牲となった経済価値のついえたる費用とを対応表示することにより,活動種類別の利益を算定表示する。これにより企業の経営活動種類別の業績が次の算式のように表明される。

当該経営活動によって獲得された収益－当該経営活動に要した費用
＝当該経営活動の結果としての利益

企業会計は種々の目的の達成を意図して実施されるが,その中でも企業の経営活動業績を算定し,企業の収益力を表示することが重要な使命と

なっている。企業は常時一定の利益をあげていることが、その存続と成長のために不可欠であるために、収益力表示を重視するのである。しかも企業の活動業績は、全体としての状況だけではなく、経営活動種類別に区分計算表示を行うことによって、より詳細に観察することができる。経営活動種類別の業績を示すことによって、どの活動が効率的に行われており、どの活動に問題が存在するかが明らかにされるので、企業の経営管理目的上役に立つとともに、企業外部のステイク・ホルダーによる企業評価にも有効に利用される。このようにして経営活動を種類別に分類して、それぞれの業績を測定開示することは操作主義（operationalism）の原理にのっとっている。

このような経営活動種類別の区分計算は、現行の損益計算においては営業損益計算、経常損益計算および純損益計算の順に展開され、企業の活動種類に応じた各計算区分ごとに利益が算定表示され、最後に純損益計算の結果として当期純利益が示される。当期純利益は企業の全体的な経営業績を表わすと同時に、他方利益処分のための原資を表わす情報として利用される。

最初の計算区分たる営業損益計算の区分で表示された売上総利益は次の計算区分に受け継がれてゆくので、各区分ごとの利益をあらためて総計することなしに、純損益計算の区分の末尾の利益である当期純利益は自動的に各計算区分の利益の総計を示すことになっている。

制度会計においては法規の定めるところに従って期間利益の計算とその開示が義務づけられているが、企業の経営管理上の必要に応じて、給付単位別の利益も算定表示される。給付単位別利益とは、一定の生産物単位やプロジェクト等について、その生産や建設のために要した直接費や間接費を生産原価または工事原価として測定し、これを生産物単位やプロジェクトの収益に対応させる形で算定したものである。生産物単位やプロジェク

トに係る売渡し収益から，これに関する生産原価を差し引いたものが，給付単位別またはプロジェクト別の利益として算定されるのである。給付単位別利益は，たとえば造船，工場プラント建設，道路建設，新幹線建設等エンジニアリング産業において算定され，その測定は当該建設工事の収益性，採算性を観察し，業績を評価する等のために事前計算および事後計算として実施される。

　連結財務諸表制度の下では，連結財務諸表をセグメントに分け，セグメント別に利益を算定表示しなければならない。セグメント分類は，事業種類別，製品別，市場別，事業所の所在地別等必要に応じて行われる。わが国の連結財務諸表制度の下で，連結企業集団に関する財務情報の作成に関しては，事業の種類別セグメント情報（製品系列別の情報），親会社および子会社の所在地別セグメント情報（国内・在外別の情報）ならびに海外売上高の開示が義務づけられている。

　セグメント別の利益計算においてはセグメントごとに損益計算を行ってそれぞれの業績を区分表示し，その全体を総計したものが企業全体の業績となる。連結企業集団についてみれば，企業集団の活動全体をセグメントに分け，各セグメントごとの損益計算を行い，それらを総計して連結企業集団全体の損益の状況が算定表示される。

　セグメント別業績報告，たとえば事業の種類別のセグメントを設けた場合，事業の種類別に損益計算区分が並記され，その合計が集団全体の業績として示される。これによって企業を構成する事業の種類ごとの業績が明らかにされるので，事業の種類別の業績の比較検討を行い，事業の種類ごとに企業評価をすることが可能となる。企業集団がさらに収益力を高め，成長発展してゆくためには，どの事業を強化・改善したらよいかが一目瞭然に明らかにされる。これによって企業集団内におけるセグメント間の経済競争を通じた連結企業集団全体の成長発展をはかることができる。また

企業集団をめぐるステイク・ホルダーの立場からも，連結集団を全体としてだけではなく，これを構成する種々のセグメントごとの収益力，成長性，将来性等が観察されて，投資意思決定その他の判断のための情報として利用されることになる。

(2) 利益算定方式よりみた利益概念

利益概念は，まず利益算定方式との関連より，これを分類することができる。この視点よりする利益概念の分類は，換言すれば，会計実践においてこれまでに実施されていた，あるいは現に実施されつつある利益算定方式の基礎にある利益概念に関するものである。このような観点よりするならば，利益概念はこれを純財産増加概念（increase in net worth concept）および損益法的概念（matching costs with revenues concept）の2つに分類することができる。

(a) 純財産増加概念

純財産増加概念のもとにおいては，期間純利益は期首および期末における純財産額の比較の結果，後者の前者を超過する分として間接的に算定される。ここに純財産とは資産と負債との差額であるから，純利益は次の式をもって表わすことができる。

　　期間純利益＝期末における純財産額－期首における純財産額
　　　　　　＝（期末資産在高－期末負債在高）
　　　　　　　－（期首資産在高－期首負債在高）

上式において，純財産額は資産および負債の評価によって左右され，したがって，純利益額は資産および負債の評価のいかんによって影響される。

純財産増加概念によれば，一年度中における個人所得は，同期間中における純財産価値の増加分と彼がその期間中に消費した財貨・用役の価値の総額として表わされる。また企業の利益は，純財産価値の増加分と

配当支払額との合計より，株主の期中における資本醵出額を差し引いたものとなる。

このようにして純財産増加法によれば，期間純利益額は期首および期末の純財額の比較によって算定されるが，これだけでは期間純利益額が明らかにされるだけで，純利益の源泉となる収益および費用の発生状況は表示されえない。そこで会計帳簿記録を参照し，これより当期純利益に関連する収益および費用項目を拾い出し，これらを総括することによって損益計算書が作成される。

当期純利益をもたらすプラスの計算要素としての収益とマイナスの計算要素たる費用とについてみると，それらは正常な経営活動による経常的，反覆的な期間収益および費用はもちろんのこと，さらに臨時的，非経常的な期間外収益および費用をも含むことになろう。つまり当期間中の純財産の増加または減少に係りをもつすべての要素が当期利益の算定に関与せしめられるのである。仮に違法な取引等による収益や費用項目であったとしても，それらが会計処理の対象とされているならば純財産の増減に係りをもつものとして当期利益算定のための計算要素に含められることになる。しかしながら期中において事業主による追加出資や資本の引出しが行われた場合，あるいは利益の処分が行われた場合には，純利益はこれらの原因による純財産の変更額だけ修正されなければならない。

(b) 損益法的概念

損益法的概念によれば，期間純利益は企業を貫流する収益の流れと，これと方向の反対な費用の流れとを一定の期間に配分し，両者を対応せしめることにより，その差額として算定される。換言すれば，当期に配分されたプラスの要素たる収益とこれに対応するマイナスの要素である費用とを比較することによって，間接的に期間利益が算定されるのであ

る。したがってこの関係を算式をもって表わすならば次のようになる。

期間純利益＝期間収益－期間費用

この利益算定方式に関連して，費用・収益の期間配分の原則，費用・収益の認識の原則，費用・収益の測定の原則，費用・収益対応の原則等が重要な役割を果たしている。

(3) 当期業績主義的利益と包括主義的利益

企業利益の算定にあたっていかなる費用および収益項目をこれに関与せしめるか，つまり具体的にいうならば，損益計算書は正常な営業状態のもとに生起した経常的，反覆的かつ正常な費用および収益のみを記載すべきか，それともこれらの項目ばかりでなく，非経常的，臨時的かつ異常な費用，収益項目や前期損益修正項目をも含むべきかの2つの観点から，企業利益は当期業績主義的利益（current operating performance concept of profit）と包括主義的利益（all-inclusive concept of profit）とに分類することができる。これらいずれの利益概念を採用するかによって，損益計算書の末尾に表示される期間純利益の額はもとより，その性格さえも異なることになろう。このように，上の視点からする2つの利益概念のうちいずれを選択するかの問題は，損益計算書記載の費用・収益項目に何を含めるべきかという問題にとどまらず，さらに企業の期間純利益の基本的性格にも影響する重要な意義をもつものであるといわなければならない。いずれの利益概念を採用するかによって財務諸表利用者の意思決定に及ぼす影響はこれを軽視することができないからである。

(a) 当期業績主義的利益

当期業績主義的利益概念によれば，当期の正常な営業活動に伴って生じた，経常的，反覆的かつ正常な費用と収益（期間損益）との対応の結果として当期純利益が算定され，この計算表示のプロセスが損益計算書に開示される。非経常的，臨時的および異常な損益ならびに過年度損益

の修正額等，正常な営業活動や当期の営業活動以外の原因による損益（期間外損益）は，当期純利益の算定にあたって，これを損益計算書から除外し，利益剰余金計算書に記載する。このように，当期業績主義に基づく損益計算書においては，当期の正常な営業活動に伴う経営成績ないし収益力が表示されるところから，この考え方を収益力説ともよび，また正常項目と異常項目とを選択区分して取り扱うところから選択主義ともいう。

(b) 包括主義的利益

この利益概念によれば，当期純利益は，当期の正常な営業活動に伴って生ずる経常的，反覆的かつ正常な費用や収益はもとより，非経常的，臨時的かつ異常な損益および過年度損益修正項目までも含めたいっさいの費用および損失と収益との対応比較の結果として算定され，その計算表示の過程が損益計算書に記載される。この考え方によれば，期間外損益項目すなわち当期業績主義において損益計算書から排除される項目も損益計算書に記載されるために，利益剰余金計算書からは調整機能が取り除かれ，処分機能だけが残される。この点から，この考え方は純剰余主義とも別称されるのである。

わが国の現行の企業会計原則，財務諸表等規則および商法計算書類規則にあっては，当期業績主義および包括主義を併合した形の損益計算書と利益概念を採用している。損益計算書の区分損益計算の結果の諸利益をこの利益分類に対応させて考察するならば，経常利益が当期業績主義的利益を表わし，税引前当期純利益が包括主義的利益を表わすものといえる。

(4) **費用収益対応の原則**

企業会計原則は，費用収益対応の原則について次のように規定している。「損益計算書は，企業の経営成績を明らかにするため，一会計期間に属す

るすべての収益とこれに対応するすべての費用とを記載して経常利益を表示し，これに特別損益に属する項目を加減して当期純利益を表示しなければならない。」と。この規定は会計処理すなわち利益測定方法としての対応原則を表明したものである。これと並んで収益および費用の損益計算書における対応表示についても次のように述べている。「費用及び収益は，その発生源泉に従って明瞭に分類し，各収益項目とそれに関連する費用項目とを損益計算書に対応表示しなければならない。」と。

費用収益の対応 (matching costs with revenues) の原則とは，企業の経済活動によって獲得された収益とそのために費やされた費用とを対比して把握し，その結果として利益を算定するとともに，この状況を損益計算書に開示することを要求するものである。費用と収益との対応は給付単位別にも，また会計期間についても行うことができるが，制度会計においては期間損益計算とその開示が要求されているので，企業会計原則の規定している対応は期間的対応である。費用収益対応の原則は，具体的には次のような内容を有しているものと考えられる。

第一は，この原則が企業の期間利益測定法としての損益法を表明していることである。つまり，一会計期間に実現もしくは発生した収益を把握し，これと関連のある（対応関係をもつ）費用を発生または実現主義によってとらえ，両者の差額としての当期純利益を算定すべきことを明らかにする。このように，費用収益対応の原則は，純財産増加法と対比される利益測定法である損益法の採用を要求していると解することができる。

第二に，費用収益対応の原則は，純利益測定のために対比されるべき収益と費用との関連を明らかにしている。収益はこれと対比される費用との間に一定の関係をもっていなければならない。この関係を対応関係という。ここに対応関係とは，収益と費用とのいずれか一方の生起に伴って，他方も生起する関係をさし，具体的には因果関係や，ある事象に伴う同時発生

的関係を意味している。たとえば,販売費と売上高との間には,前者が原因となって後者が生ずるという因果関係が認められる。また売上高と売上原価との間には,販売取引によって,両者が同時に実現する関係が認められる。このようにして一方売上高と他方売上原価や販売費との間には対応関係が存在しているとみることができる。

　第三に,この原則はこのような対応関係に基づいて,認識原則である発生主義や実現主義によって捕捉された費用,収益の当期への所属を決定する役割をもっている。すなわち,当期に発生または実現した費用,収益項目が,必ずしも当期の営業活動の結果であるとは限らないのであるから,これらの項目が当期の成果を表わすものであることを認定しなければならない。この場合に,費用収益対応の原則は,当期の経営成績を表わすことが確実な収益(または費用)を基にして,これと対応関係にある費用(または収益)を把握するための基準として機能することができる。

　期間損益計算においては,費用と収益とを同一の会計期間に関連せしめることによって一定の会計期間における費用と収益とを対応させることが問題となり,特定の収益項目と特定の費用項目との直接的な関係は追求されない。費用と収益との期間的対応を行うにあたっては,費用収益の期間所属の不確実性,金額上の不確実性,対応の実践上の困難などのために,絶対的な正確性を期待することは不可能であるが,対応の概念は損益計算の公正と合理性とを期する上において不可欠のものとなっている。費用と収益との期間的対応を行う場合には,費用と収益とを互いに関連せしめるための満足すべき基礎を見つけ出すことが必要であり,経済的合理性がその場合の規準となる。

　期間損益計算上の対応の中でもっとも重要な項目である売上高と売上原価との対応についてみると,両者を対応せしめる合理的な基礎は販売の事実にある。売上高と売上原価は販売活動とともに同時に発生し,売上原価

は売上高をもたらす不可欠の要素であり，価値犠牲であるから，両者の対応関係はもっとも明確かつ強固である。販売費・一般管理費は，売上高を生ぜしめる原因としての働きをもっており，売上高獲得にとって不可欠の価値犠牲であるために，売上高との対応関係は明白である。これに対して営業外収益と営業外費用との関係についてみると，受取利息・割引料と支払利息・割引料，有価証券売却益と売却損，仕入割引と売上割引，これらの間には一見対応関係があるかのように思われるが，両者は実際上は何ら関係はない。他の営業外収益，営業外費用の間にも対応関係を認めることはできない。これらの収益，費用項目の間には売上高と売上原価，販売費・一般管理費との対応関係の延長として，また一期間の総収益と総費用との全体的な対応関係の中に含まれて，間接的総体的な対応関係を認めうるにすぎない。

　原価計算上の対応は，材料費，労務費，経費等製品製造のために投入された財貨・用役の原価と算出された製品の売上収益との対応を意味する。このような原価計算上の対応は，材料，労働力等の財貨・用役はこれらのものが費消される目的物である製品に移転され，製品に付着して，これに経済価値を付与するという仮定の上に成立している。そこで原価計算上の原価と収益との対応は，生産のために費消された財貨・用役の価値が生産物に移転してゆく過程を追求することによって行われるものであるが，財貨・用役に対する原初支出と製品の売上収益との時間的関連を無視した擬制的なものであることに注意する必要がある。たとえば推定計算としての減価償却計算によって算定された機械設備の減価償却費は，部門別計算の段階で製造部門や補助部門に集計され，これが最後に製品別計算の結果として製品に配分されるわけで，機械設備の取得原価の一部が，生産過程という時間的経過を無視して，売上品原価に含まれて，当該製品の売上高に対応されるわけである。

生産過程における原価の流れを生産物との関連において追求してゆく場合，直接材料費や直接労務費のような直接費については，客観的，物理的な関連をたどることによって生産活動や製品との結合関係をある程度正確に把握することができるが，製造間接費についてはこのような直接的な関係を認めることがきわめて困難である。そのために製造間接費は，一定の配賦基準を設けて，まず製造部門，補助部門あるいは原価中心点に配賦され，これがさらに製品に配分される。販売費・一般管理費の多くのものについては，製品との結合関係をたどることは著しく困難であるために，期間損益計算の前段階としての原価計算は，直接費に製造間接費の製品への割当分を加えた製品原価の算定までにとどまっている。このようにして，原価計算上の原価と収益との対応においては，製品に割り当てられた製造原価要素の物理的な測定の正確性ではなく，原価配分の経済的合理性が追求されなければならない。

　次に期間損益計算上の対応と原価計算上の対応との関連について考察しよう。一期間に生産された生産物の原価のうち，同期間内に販売されたものは，期間原価として売上原価に転換し，売上収益に対応せしめられる。それゆえに原価計算上の製品原価と売上収益との対応は販売活動をとおすことによってはじめて，期間損益計算上の売上収益と売上原価との対応として実現し，具体化することになる。このようにして純然たる原価計算上の対応は，製造原価と製品との結合までにとどまるのである。以上の意味において，原価計算上の対応は，期間的な売上収益と売上原価との対応の基礎をなすものということができる。

　他方期末に在庫している製品，半製品，または仕掛品についてみると，製造原価はこれらの期末棚卸資産に結合されているが，対応させるべき売上収益が未実現であるために，当期の損益計算から除外されて，貸借対照表に記載され，次期以降の期にその実現が期待される売上収益への対応を

まつわけである。しかしながら貸借対照表上の資産の評価いかん，すなわち製品製造原価の当期および次期以降の期への配分は，当期純利益の算定，すなわち当期の費用，収益の対応に影響を及ぼす。それゆえに期末に貸借対照表上棚卸資産に含まれている製造原価も，当期の損益計算における費用，収益の対応に関連を有していることがわかる。

3 課税所得の性格

以上，まず各事業年度の所得の概念を明らかにし，次に企業利益の特質をあげて，課税所得との対比のための尺度を用意した。これらを受けてここでは，課税所得のもつ諸特質を企業利益と比較する形で検討することにしたい。

まず利益の計算法の側面からみるならば，課税所得は純財産増加法的利益ではなく，損益法的利益の性格をもつものといえよう。それは前述した課税所得の定義から明らかにされる。益金から損金を控除して求められる各事業年度の所得は，企業会計利益の計算原理としての損益法による利益にほかならないからである。青色申告制度を基本にすえ，正確な会計帳簿記録をもとに事業年度の所得を算定せしめる法人税法の仕組みは損益法的利益計算を前提としていることの証拠であるといえよう。

次に法人税法第22条第2項の規定によれば，「……各事業年度の所得の金額の計算上当該事業年度の益金の額に算入すべき金額は，……資産の販売，……その他の取引で資本等取引以外のものに係る当該事業年度の収益の額とする。」となっている。したがって，当該事業年度の収益すなわち純財産を増加させるもののうち資本等取引によるもの以外はすべて益金として取り扱われることになる。資本等取引は収益を生ぜしめるものではないが，企業の純財産を増加させる可能性をもっているので，企業の純財産を増加させるものの中で資本等取引による項目を除く他のもの，すなわち

すべての収益が益金に算入されることになる。したがって，収益はそれが経常的，反覆的なものであれ，非経常的かつ臨時的なものであれ，すべてが益金に算入されなければならない。第22条第3項の損金についての規定でも，これと同じ趣旨のことが定められている。すなわち損金の額に算入されるのは，当該事業年度の収益に係る売上原価，販売費・一般管理費等および当該事業年度の損失の額で資本等取引以外の取引に係るものであるとしている。したがって損金に計上されるのは，純資産を減少せしめるもので資本等取引以外の取引によるものとなり，経常的，反覆的な費用はもとより，非経常的，臨時的な費用や損失も損金に含められる。

　以上の点で，各事業年度の所得は資本等取引以外の取引による純財産の増減をすべて当期利益の算定に含める純財産増加法利益の概念に共通する面をもっている。だが既述のように，利益算定方式の点では，各事業年度の所得はこの利益概念とは相いれない。このようにして各事業年度の所得は損益法に基づく包括主義的利益の性格をもっているのである。

　企業会計上の利益は経営活動の種類別に把握された収益および費用との関連において，活動種類別に算定表示される。これに対して各事業年度の所得については経営活動種類別に算定表示することが要求されてはいない。企業会計上利益には経営業績指標性が要求されているために，全社的利益だけでなく活動種類別に収益，費用および利益の表示が行われる。法人税法上各事業年度の所得は，これに税率を適用して法人税額を算定するのに用いられるものであるために，経営活動種類別に計算表示する必要はないのである。

　企業会計上損益法により利益計算を行う場合，一期間中に発生または実現した収益と費用との対応関係が重視されている。それは対応関係のある収益と費用とを活動種類別に把握することにより，活動種類別の利益を算定して，それぞれの経営業績を適切に表示するためである。法人税法上も

各事業年度の所得の計算に際して，益金と損金との対応が重視されている（法法22条3項1号）。そこでは「……各事業年度の所得の金額の計算上当該事業年度の損金の額に算入すべき金額は，……一，当該事業年度の収益に係る売上原価，完成工事原価……」（傍点筆者）と規定されており，対応関係にある益金と損金との比較により，事業年度の所得を厳密に算定せしめようとする。対応する益金をもたない純財産の減少（経済価値の費消）には損金性を認めないのである。たとえば資産の期末評価に際しては取得原価主義をとっているので，低価法を適用したり減価償却を行うとき以外，資産の帳簿価額を減価して評価損を計上することは原則（参照）として認められない。それは資産につき評価益が計上されないことに見合った処置である。すなわち取得原価主義をとる法人税法としては，評価益を益金として計上することは認められないのであるから，これに対応する評価損を損金に計上することも原則としてありえないのである。

（参照）
　　税法上評価損は例外的に認められている。それは，資産について特定の事実が生じた場合に限られる（法令68条）。すなわち，棚卸資産や固定資産が災害により著しく損傷した場合や有価証券の時価が著しく低下した場合等が特定の事実に該当する。

　益金と損金の対応を要請することは，事業年度の所得を経済的合理性に従って算定することを意味し，課税の公正に資するものといえよう。しかしながら特定の事情が生じているときにも，対応を形式的に貫いて，対応する益金のない経済価値の費消の損金計上を抑制することは，企業の存続発展の上からは好ましくないとする経済政策的配慮がそこにうかがえる。益金と損金との対応を原則として重視することは，それをカバーする益金のない損金の計上を抑止することにつながり，徴税効果を維持または高める上でも効果的であるといえよう。

(注)

拙稿『企業会計の論理』(改訂・増補版),1981年,国元書房,第17章　会計学の方法論的基礎,§6　会計学と定義,246ページ以下参照のこと。

V 法人税法における基礎概念(4)
——益　　金——

益　　金

　前章では，課税所得，とりわけ各事業年度の所得の概念について考察した。各事業年度の所得は，当該事業年度の益金から損金を控除した金額であると定義されているように差額概念であるから，所得の額は益金の額と損金の額とに依拠して算定される。本章以下では，このような益金および損金の概念を明らかにし，かつその算定をめぐる問題について考察することにしたい。益金，損金ともに企業会計上の収益および費用の概念と密接な関連をもっているので，ここでも両者を対比する形で，益金，損金の性格を究明することにしたい。そこでまず益金の概念について述べ，これに対比される収益の性格を明らかにし，次いで益金に算入すべき金額について考察する。次に損金についてもその概念，企業会計上の費用等の概念について述べた後，損金の額に算入すべき金額をとりあげて検討することにする。なお，損金についての詳細は次章で取り扱うことにする。

1　益金の概念

　法人税法上各事業年度の所得については，前章で考察したように，法人税法第22条第1項にみられるごとく益金と損金との差額として概念規定がなされているが，益金の概念については明確にこのような形では定められていない。ただ，法人税法第22条第2項において，各事業年度の益金の額

に算入しなければならない金額について具体的に規定している。したがって益金の概念を「A取引，B取引，C取引，……その他の取引によるものに係る当該事業年度の収益の額」として，益金概念の構成要素，換言すれば益金という被定義項のクラスの含む固体の名称を列挙しているのである。このような概念規定の仕方は指示による定義法の一種である。指示による定義法とは，定義される概念が適用される対象を指で示すとか，何らかの行動をもって示し，これによって概念の内包を理解せしめるものである。「花」の意味のわからない小児に花を見せて「これが花である」と教えるのは指示による定義である。この定義法は実物を示して理解させる定義であるが，写真，絵，言葉などで示す方法もその一変種であるといえる(注)。法人税法第22条第2項において益金の生ずる取引に係る収益を列挙して益金の概念規定をする仕方はまさに指示による定義の一変種の好例であるといえよう。次に一例をとりあげてこの定義法の性格を明らかにしよう。

　企業会計原則は注解・注15において，「将来の期間に影響する特定の費用」について実質的定義を行い，これら特定の費用で経過的に貸借対照表上に計上されたものを繰延資産と概念規定している。これと並んで企業会計原則は繰延資産の構成要素を次のように限定列挙している。すなわち「創立費，開業費，……，試験研究費及び建設利息は，繰延資産に属するものとする。」これは繰延資産が創立費以下8つの項目から構成されていることを示すもので，繰延資産に適用された指示による定義の一変種にほかならない。ここでは被定義項である繰延資産の部分クラスを列挙して繰延資産が何であるかを理解せしめようとする。なお前述の繰延資産については，「将来の期間に影響する特定の費用」に実質的定義を適用しているので，指示による定義と相まって，その属性が表明されている。この定義法は被定義項に無数の個体すなわち部分クラスがある場合には適用することができない。またこの定義法は部分クラスに共通するいかなる性質が当

該概念の属性を表わしているかを明示しえないという短所をも有している。この定義法は本格的で厳密な概念規定法ではないが，被定義項を端的に理解せしめうる点ですぐれており，広く利用されている。

法人税法第22条第2項は以上のように指示による定義の方法を用いて益金の概念を説明しようとしているが，被定義項である益金に含まれる個体の名称の列挙だけではその本質を理解することが困難である。したがって，益金に含まれる各種の取引に係る収益の性格を個別に分析することによって益金の本質がはじめて明らかにされる。だがその問題に移る前に，比較考察の対象となる企業会計上の収益の概念について明らかにしておかなければならない。

2　企業会計における収益の概念と分類

(1)　収益の意義

企業会計上収益とは，企業が経営活動の結果として獲得した経済価値，すなわち経営成果のことである。収益は，企業の商品または製品の販売あるいは用役の提供によって獲得した利得，商品や製品以外の資産の売却あるいは交換によって得た利得，資産の評価益，負債の債務額以下での有利な決済の結果得られた利得等である。収益額は商品または製品の引渡しに対する対価として受け入れた新たな資産（現金収入，売上債権，手形債権等）によって裏づけられ，通常，収益の獲得のために費やされた資産その他の原価要素の額と販売利益との合計額からなる。収益の認識のための手がかりは，対価としての他の資産の獲得，負債の減少を伴った資産の移転，用役の受入れ，資産の市場価格の上昇などの経済的事実に求められる。

収益に類似したものに収入がある。収益が企業の経営活動による経済価値の獲得という抽象的概念であり，給付の流れを表わすものであるのに対して，収入は現金の流入を表わす具体的概念であって，両者は異質のもの

である。収入は現金の流入を意味するものであるところから貨幣の経済価値測定機能に基づいて，収入には収益の大きさを表わす測定尺度としての働きが認められる。したがって，収益と収入とは本質的に異なるものであっても，両者は相互に密接な関連を有しているのである。

(2) **営業収益と営業外収益**

　収益は必要に応じて種々の角度から分類される。収益は，その発生源泉である企業の経営活動の種類に従って，営業収益と営業外収益とに分類することができる。営業収益とは企業の主たる営業活動から生ずる収益をいう。ここに主たる営業活動とは，商事業においては商品の販売活動や一般管理活動をさし，したがって，商品の販売によって得られた売上高が営業収益となる。製造業においては，製品の製造，その販売，一般管理活動などが主たる営業活動をなしているが，製造活動において，収益は稼得されるけれども，まだ実現したものとはならない。通常の企業においては，販売活動の結果，はじめて収益が実現するところから，製造業における営業収益は，製品の販売によって獲得された売上高をさしている。サービス業においては，役務の提供を中心とする販売活動や一般管理活動が主たる営業活動をなし，それゆえに役務の提供によって獲得された収益が営業収益となる。また金融業においては利子収入が，電力，ガス，鉄道等の公共事業においては運賃収入，電力，ガス等の料金収入が営業収益を構成している。このように営業収益の源泉となる主たる営業活動は業種によって異なるが，だいたいにおいて，商品・製品の販売，役務の提供等によって得られた売上高が営業収益として分類されるのである。

　企業は，このように主たる営業活動を基本的な経営活動として営まれるが，これ以外にも付随的活動や主たる営業活動を補足する活動を必ず営んでいるのが普通である。たとえば，財務活動，企業の組織活動等がこれに属する。このように主たる営業活動以外のその他の営業活動に伴って生ず

る収益を営業外収益と称する。

(3) 期間収益と期間外収益

期間帰属のいかんに基づく収益の分類は、当期業績主義的利益概念をとる立場においては、とくに重要な意義をもっている。当期業績主義的利益観によれば、損益計算書においては、当期の営業活動に帰属する収益および費用項目のみが記載され、純粋に当期の営業活動の成果を示す純利益が算定、表示されなければならない。当期業績主義に基づく損益計算書には、当期の営業活動（主たる営業活動であれ、その他の営業活動であれ）によって獲得された収益とこれを得るために貢献した費用とを記載し、当期に実現ないし発生したけれども、当期の営業活動に関連のない損益項目、当期への所属が不確定な損益項目、過年度の営業活動に帰属する損益項目等は損益計算書から除外されなければならない。この場合、したがって、収益の期間収益と期間外収益との区別がとくに重視される。

期間収益とは、当期の営業活動の成果としてとらえられた収益を意味し、営業収益と、営業外収益のうちの経常的、循環的に生ずる正常な収益とがこれに属する。これらの収益項目はすべてつねに損益計算書に記載されるのである。これに対して、期間外収益は、臨時的あるいは異常な収益項目で、当期の営業活動への所属が不明な、あるいは当期の営業活動に関連のない収益項目や過年度の営業活動に帰属する収益項目を意味している。営業収益と営業外収益の区別に関連づけてみるならば、営業収益と営業外収益のうちの経常的で正常な収益が期間収益に、そしてその他が期間外収益に分類される。

3 益金の額に算入すべき金額の性格

法人税法では、各事業年度の所得の金額の計算上当該事業年度の益金の額に算入すべき金額として、別段の定めのあるものを除き、資本等取引以

外の取引による次のごとき収益項目を列挙している (法法22条2項)。
(1) 資産の販売による収益
(2) 有償または無償による資産の譲渡または役務の提供による収益
(3) 無償による資産の譲受けによる収益
(4) その他の取引による収益

　法人税法第22条第2項における益金に関する規定の特質についてしばらく検討を加えることにしよう。まず益金の額に算入すべき収益のそなうべき要件についてみると，まず第一に当該事業年度の収益でなければならない。企業会計上の収益は期間収益と期間外収益とに分類されるが，法人税法上はこのような収益分類は行われていない。当該事業年度の収益はこの場合期間収益を意味するかのように思われるが，前章において述べたように，包括主義をとっていると解される法人税法においては，当該事業年度の収益は期間収益および期間外収益の双方を意味するものと考えるのが妥当である。したがって当該事業年度の収益とは当期に実現または発生して，当期に認識される収益をさすものとみなすべきであろう。

　企業会計上の収益はさらに営業および営業外の収益に分類される。これに対して法人税法上の収益にはこのような分類は採用されていない。法人税法の採用する所得概念からするならば，営業・営業外の区別なくすべての収益が当該事業年度の益金の額に算入されなければならない。また収益の生ずる源泉となる取引が合法的なものであれ，あるいは違法なものであれ，その結果としての純財産の増加は当該事業年度の益金に含められることによる。たとえば，貸金業者が利息制限法の規定に反して法外に高い利息を債務者に強制的に支払わせた場合でも，その利息収入は益金に算入されなければならない。また対価が収入を伴おうと，また債権その他の経済的便益の形をとろうと，それに関係なく収益は益金に算入される。

　このように法人税法上の当該事業年度の収益は，企業会計上の期間・期

間外または営業・営業外の分類に係りなく,また合法か違法かにも係りなく,さらに対価の形態に左右されず,企業の行うすべての取引から生ずる収益を包含するきわめて広義の概念なのである。しかしながらそれは次に述べる第二,第三の要件をクリアしたものでなければならない。

　第二に別段の定めのあるものは除外されなければならない。別段の定めのあるものとは,企業会計上収益として取り扱われる項目であっても法人税法上は益金に算入されないものや企業会計上収益とは認められないが,法人税法上は益金に算入される税法固有の項目をいう。すなわち益金に関する別段の定めは,収益に含められる範囲やその計算上の取扱いについて,企業会計上の取扱いとは別個に,税法独自の視点から益金に算入したり,不算入の処理をすることを明文化したものである。このように企業会計とは別個に特別な取扱いの仕方を定めるのは,法人税法が経済政策の一環として租税制度を通じて企業の保護,育成をはかり,また企業の行動を抑制するとともに,徴税効果を高めることを意図する税法固有の社会的使命に基づく基本理念によるものである。益金に関する別段の定めは多数設けられており,それぞれが独自の立法理由に基づいている。たとえば,受取配当金は企業会計上は収益であるが,税法上は他の法人から受け取った利益の配当等は益金不算入の取扱いを受けるという特別な規定が設けられている(法法23条1項)。これは租税政策的見地から,株主集合体説を前提に二重課税を排除して,企業の税負担を合理化するという趣旨によるものである。その他還付法人税等の益金不算入(法法26～28条),評価益の益金不算入(法法25条)等益金に関する別段の定めは多数みうけられる。

　第三に,資本等取引以外の取引から生じた収益であることが要求されている。ここに資本等取引とは次の2つのものを内容とする概念である。第一は法人の資本等の金額,すなわち資本金額または出資金額と資本積立金との合計額の増加または減少をもたらす取引をさす。これは既述のように,

会計主体観として資本主説をとる場合の資本取引を意味している。現行税法上，株主集合体説がとられているところから資本取引は資本主説におけるそれと一致し，株主または出資者の企業に対する出資，出資された資本額の他の形態への転換等の取引がその内容をなす。第二は，法人が行う利益または剰余金の分配取引をさす。以上を要するに，資本等取引から生じた企業の純財産の増加を除き，それ以外の取引で純財産の増加をもたらすものはすべて収益として益金に算入されなければならないのである。

4　益金の額に算入すべき収益項目

益金の額に算入すべき金額の性格が明らかにされたので，ここではその具体的収益項目について考察することにしよう。

(1)　資産の販売による収益

資産の販売による収益には，まず商品や製品などの棚卸資産の販売による収益があげられるが，証券会社の保有する商品としての有価証券もここにいう資産に含められ，その売上高は収益として益金に算入される。なおここに販売という語はたんに売るという意味だけではなく，営業として経常的に行われる「品物を代金と引きかえに相手に渡す行為」をさしている。これに対して保有している資産を不要になったがゆえに代金を受け入れて処分する臨時的，非経常的な行為である売却または売却処分は販売とは区別される。そのような意味においても，証券会社の保有する商品たる有価証券の販売による収益は資産の販売による収益に含められて何ら問題はない。

企業会計上，費用収益対応の原則が損益計算上の原則として重視されており，さらにこれとの関係や明瞭性の原則から総額主義が適用されている。売上高と売上原価との対応表示はその一例である。法人税法においても企業会計上のこのような原則が同様に支配している。したがって資産の売上

高は益金として，他方売上原価は損金として両者が相殺されることなく，総額で対応表示される。

(2) **有償または無償による資産の譲渡または役務の提供による収益**

まず有償による資産の譲渡による収益は，建物，土地，機械設備等の固定資産の譲り渡しによる収入を意味するものと解することができる。ここに譲渡とは販売と区別されるもので，臨時的，非経常的になされるもので，売却のほか，贈与，交換，代物弁済等に係る資産の移転をも含む概念である。このようにして有償による資産の譲渡が行われた場合には，譲渡価額が全額譲渡収益となり，当該資産の帳簿価額が譲渡原価として損金計上される。企業会計上は，棚卸資産の販売のような重要な項目については，総額主義が適用されて，売上収益と売上原価とが相殺されることなく，収益と費用として対応表示されるが，固定資産などの臨時的非経常的な売却など重要性の低い項目については売却価額と帳簿価額とが相殺されて，売却差損益だけが特別損益として計上されることがある。これに対して法人税法では，譲渡収益と譲渡原価として総額主義による計算表示を行い，売却差損益だけを計上することはない。

有償による役務の提供に係る収益の額は，土地や家屋の賃貸による地代や家賃収入，貸付金の受取利息などである。この場合には，たとえば家賃収入に対する家賃原価が発生しているが，後者は棚卸資産の売上原価のように1つの原価数値として測定計上されることはないので，費目別に減価償却費などの経費，人件費などとして個別に費用化されることになろう。したがって家賃収入である収益と賃貸に係る経費，人件費などとが対応表示されることになる。

次に無償による資産の譲渡または役務の提供とは，資産を譲渡したり，役務を提供したが，その対価を受け入れていないことをいう。このような場合，企業会計上は対価の受入れがないために贈与または寄付金として扱

われ，収益が計上されることはない。これに対して法人税法上は，資産を譲渡し，または役務を提供することによって独立企業間価格で表わされた公正な一定の対価を受け入れたものとして収益を計上し，次にこの受け入れた対価，たとえば現金を相手方に寄付したものとして処理される。これはまさに税法固有の考え方によるものである。この場合資産の譲渡についていえば，資産の帳簿価額が譲渡原価として損金計上され，収益の額と譲渡原価とが相殺されることなく，そのまま対応表示される。

次に上のことに関連して低額譲渡の場合を考えてみよう。低額譲渡とは，たとえば資産を独立企業間でなされる取引にさいして付される公正な価額よりも低い価額で譲渡することをいう。このような場合，税法上は独立企業間価格で取引がなされたものとして譲渡収益を計上して益金に算入する。そしてこの価格と実際に低額で受け入れた金額との差額を贈与ないし寄付金として処理する。他方譲渡された資産の帳簿価額は譲渡原価として損金に計上される。低額譲渡はいわば有償による譲渡と無償による譲渡との混合形態であるといえよう。

無償による役務の提供の場合も無償による資産の譲渡と同じように，役務提供時の独立企業間価格をもって収益を計上する。たとえば，無償で物品の運送を行った場合には，独立企業間で付される公正な価額をもって収益に計上し，運送に伴って生ずる実際原価を運送原価として損金に計上する。

(3) **無償による資産の譲受け**

無償による資産の譲受けは，対価を支払うことなく棚卸資産，有価証券，減価償却資産等を取得することである。企業会計上，贈与その他無償で取得した資産については，公正な評価額をもって取得原価とすることになっている。無償で譲り受けたものであるから対価の支払いがなく，したがって評価額は0であるとするのではなく，公正な評価額を付して会計帳簿に

記載し，その管理保全をはかるとともに，適正な使途に用いて，有効利用をはかろうとするのである。

　法人税法上も棚卸資産，有価証券および減価償却資産について，これを譲り受けた場合に，その取得の時における当該資産の取得のために通常要する価額をもって取得原価とすることが定められている。取得のために通常要する価額とは時価を意味し，再調達原価をもってこれにあてる。無償で譲り受けた資産を取得のために通常要する価額で評価し，これを取得原価として帳簿価額とすることによって，これと同じ額の受贈益といわれる収益が生じ，これが益金の額に算入される。

　法人税法第22条第2項は，各事業年度の益金の額に算入すべき金額として，具体的には以上に考察した諸取引に係る収益の額をあげているが，これら以外にも，先に述べた3つの条件を満たすその他の取引に係る収益の額の計上を要求している。それらの収益は以上に考察したごとき考え方に沿ってその性格が判断されることになる。

（注）
　　指示による定義については，次の文献を参考にした。
　　近藤洋逸・好並英司著『論理学概論』1967年，岩波書店

VI 法人税法における基礎概念(5)
——損　　金——

損　　金

1 損金の概念

　法人税法上損金とは，内国法人の各事業年度の所得の金額を計算するにあたって，益金の額から控除されるべき金額をいう（法法22条1項）。損金の額に算入すべき金額については法人税法第22条第3項において具体的に規定している。そして益金の場合と同様に，損金の概念をその構成要素，換言すれば損金という被定義項のクラスを含む個体の名称を列挙している。これは益金のところでも述べたように，指示による定義法の一種である。

　法人税法第22条第3項に列挙されている損金の額は次のとおりである。

　1　当該事業年度の収益に係る売上原価，完成工事原価その他これらに準ずる原価の額

　2　当該事業年度の販売費，一般管理費その他の費用（償却費以外の費用で当該事業年度の終了の日までに債務の確定しないものを除く）の額

　3　当該事業年度の損失の額で資本等取引以外の取引に係るもの

　損金の額に算入されるこれらの項目の詳細について述べる前に，これらと比較の対象となる企業会計上の費用の概念について考察しよう。

2 企業会計における費用の概念と分類

(1) 費用の意義

　企業会計において費用(expense)とは一会計期間における収益の獲得のために費消され,犠牲となった財貨,用役の経済価値であり,計算的にみるならば,一会計期間の純利益の算定のために収益から差し引かれる原価の費消分である。これらの費用は,具体的には,用役の利用に対する支払い,資産原価の一部あるいは全部の費消,負債の負担,資産の市価の下落等から生ずる。費用と類似した概念に損失(loss)がある。両者は同じく経済価値の費消であるが,次の点において異なる。すなわち,費用が収益の獲得に貢献した経済価値の費消であるのに対して,損失は収益獲得に貢献しなかった経済価値の費消である。損失は洪水や火災等の場合のように企業の経営活動にまったく係りのない災害によって生ずる場合もあれば,資産の保有中に生ずる価値の下落等によって発生することもある。これらの損失は経済価値の減少の生じた事実を確認し,その測定が可能となった期間について認識され,記録される。ときに費用と損失とを一緒にして損費という場合がある。以下,損失を含むものとして費用に関する諸問題を説明することにする。

　費用と資産(asset)とはまったく別個の概念であるかのように考えられるが,両者は密接な関連をもっている。資産は企業が一定の対価を支払って取得した財貨あるいは権利を意味し,企業の経営活動に対して有効な用役提供力(service potentials)の総体にほかならない。土地を除くほとんどの資産は,経営目的への利用その他によって,その用役提供力が減少する。用役提供力のこの減少が費用にほかならない。資産の取得時における価値すなわち用役提供力の大きさは,取得にあたって支払われた原価(cost)によって表わされる。したがって,用役提供力の減少を意味する

費用は，同時に資産原価の費消部分（expired cost）を表わしている。このようにして損益計算書に記載される費用は，資産の用役提供力の当期収益獲得のために費やされた部分を表わし，資産原価の部分的あるいは全体的消滅を意味している。これに対して，貸借対照表に計上される資産は，将来の期間の収益獲得のために費やされる用役提供力の蓄積を表わし，未費消の原価（unexpired cost）すなわち将来の費用を意味している。以上のように，費用と資産とは本質的にきわめて密接な関連を有しているのである。

費用に似た概念に支出がある。費用が企業の営業活動による経済価値の費消という抽象的概念であるのに対して，支出（cash expenditure）は現金の流出を表わす具体的な概念である。費用と支出との関連は，収益と収入の関連とまったく同じである。

(2) 費用の分類

費用は，収益の分類に即応して，営業費用と営業外費用とに，あるいは期間費用と期間外費用とに分類される。これらの費用分類の基準も収益の場合とまったく同様である。営業費用は主たる営業活動に伴って生ずる費用で，売上原価および販売費・一般管理費から成り立っている。これに対して，営業外費用はその他の活動に伴って生ずる費用で，そのうち経常的，循環的かつ正常なものは，企業会計原則によれば，損益計算書の経常損益計算の区分に記載される。これらの費用項目には，財務活動に伴って生じた費用の償却額，資産の価値下落による損失等がある。営業外費用のうち，これら以外の臨時的，非循環的かつ異常な費用は特別損失として，純損益計算の区分に記載される。

期間費用は当期の営業活動の結果得られた費用を意味し，営業費用および営業外費用のうち経常的，循環的かつ正常なものをさす。他方，期間外費用は，当期の営業活動への帰属の不明な，あるいは当期の営業活動に関

連のない費用項目や過年度の営業活動に関連した費用項目をさし，その発生が臨時的，非循環的で，異常な性格をもっている。期間費用は損益計算書上営業損益計算の区分または経常損益計算の区分に記載され，これに対して期間外費用は純損益計算の区分に記載される。

3 損金の額に算入すべき金額の性格

法人税法においては，各事業年度の所得の金額の計算上当該事業年度の損金の額に算入すべき金額の性格を，別段の定めのあるものを除き，当該事業年度の収益に係る原価，当該事業年度の費用および当該事業年度の損失の額で資本等取引以外の取引に係るものとしている。すなわち当該事業年度に生じた原価，費用および損失で一定の要件を満たしたものとしているのである。そこで損金に関する規定の特質について考察することにしよう。

損金の額に算入すべき原価，費用および損失（以下，「費用等」という）のそなうべき要件の第一は，当該事業年度に属するものでなければならないことである。企業会計上費用等は，前述のように，期間費用と期間外費用とに分類される。法人税法上費用につきこのような分類が行われていないのは収益の場合と同様である。当該事業年度の費用等は期間費用だけを表わすものでないことは，益金について述べたことに対応しており，包括主義をとっていると解される法人税法にあっては，当該事業年度の費用等は期間費用および期間外費用の両者を含むものと考えるのが整合的である。このようにして当該事業年度の費用等は当期に認識されるすべての費用等を意味するものと解される。費用収益の対応を前提として重視する法人税法の立場からすれば，収益と費用等の取扱いはつねに整合的でなければならない。

企業会計上費用は営業費用と営業外費用とに分類される。益金のところ

でも述べたように,法人税法上このような分類はなされていない。法人税法上の当該事業年度の収益は企業会計上の期間・期間外または営業・営業外の区別なく,また対価の形態に係りなく,若干の制約,すなわち別段の定め以外の取引および資本等取引以外の取引から生じたものであることの条件を満たす限り,企業の行うすべての取引から生ずる収益を含む広義の概念であった。これに対応して当該事業年度の費用等も基本的に当該事業年度の収益と同様の特質をもっている。既述のように,期間・期間外,営業・営業外に係りなく,また後述のように別段の定めのあるものを除くこと,資本等取引以外の取引に係るものであること,これらの要件を満たすべき点ではたしかに同様である。ところが当該事業年度の費用であっても,償却費を除き,当該事業年度終了の日までに債務の確定していないものを除くという条件は費用の認識について要求される独自のものといえよう。

　法人税法上費用の認識は原則として債務確定基準による(法基通2－2－12)。例外として固定資産の減価償却や引当金への繰入れが認められている。債務確定基準とは,費用の認識を純財産の減少をもたらす経済価値の費消の事実およびこれに伴って債務が確定していることの2つの条件が満たされたことをもって行うものである。

　企業会計における費用の認識は実現主義および発生主義の原則に従って行われる。費用の実現とは,取引活動の結果純財産額を減少せしめる経済価値の費消が生じ,これが同時に貨幣性資産の減少を伴うことをいう。貨幣性資産の減少とは,現金支出,買掛金や支払手形など営業債務の発生等を意味している。たとえば,給料の認識を経営者や従業員による労働用役の提供と現金の支払いまたは給料を支払うべき債務の確定によって行うのは費用の実現主義による把握である。

　これに対して発生主義による費用の認識は純財産の減少をもたらす経済価値費消の事実のみをもって行われ,貨幣性資産の減少を伴うものではな

い。その典型的な例は減価償却費の計上である。減価償却は固定資産の経営目的のための利用や時の経過等につれて生ずる経済価値の費消に着目して行われ，企業外部者との取引に係るものではなく，内部的処理によるものであるから，債務確定基準によって認識される費用項目には該当しない。しかしながら減価償却は長い間会計慣行として定着している実務であるから，これを尊重して法人税法上も別段の定めをもってその損金算入を容認しているのである。これと同様に引当経理も発生主義に基づく会計処理であるから，債務確定基準の立場からはこれを損金算入することは認められないはずである。しかしながらこれも会計慣行として広く実践されているところから，別段の定めをもって限定的ではあるが，引当金繰入額の損金算入を認めているのである。

　以上に述べたごとく，法人税法上費用の認識は債務確定基準，すなわち企業会計上の実現主義の一形態によることを原則とする。したがって発生した費用の計上は本来認められないのである。しかしながら企業の会計実践上は利益計算の精緻化の要請から実現費用だけではなく発生費用の計上も行われている。法人税法はこのような会計実践が広く慣行化されている事実を認めて，減価償却費の計上や引当経理を課税所得計算上も認めているのである。企業会計上引当経理は，企業会計原則注解・注18に規定されている要件を満たす限り，制限なく実施が認められている。これに対して法人税法上は引当経理はごく限られた項目について認められているにすぎない。債務確定基準を含む収益および費用の認識基準については項を改めて取り扱うことにしたい。

　ところで各事業年度の所得の金額の計算上当該事業年度の損金の額に算入すべき項目は法人税法第22条第3項の第1号ないし第3号に掲記されているが，それ以外のもので別段の定めのあるものについては，法人税法は独自の取扱いをする。この別段の定めのある費用等とは，企業会計上費用

等として取り扱われる項目であっても法人税法上は費用等に算入されないものや企業会計上費用等とは認められないが，法人税法上は費用等に算入される税法に固有の項目をいう。費用等に関する別段の定めは，費用等に含められる範囲やその計算上の取扱いについて，企業会計上の処理法とは異なり，税法独自の視点から損金に算入したり，不算入の扱いをすることを定めたものである。法人税法がこのように企業会計とは異なる特別の取扱いをする理由は，前章の益金の箇所で述べた租税政策上の意図による。

次に費用等に関する別段の定めの例をあげることにしよう。たとえば，内国法人が各事業年度において固定資産の取得にあてるため国から補助金の交付を受け，当該事業年度にその国庫補助金をもって，その交付の目的に適合した固定資産を取得した場合，その固定資産につき，当該事業年度においてその取得にあてた国庫補助金額（圧縮限度額）の範囲内でその帳簿価額を損金経理により減額したときは，当該事業年度の所得の計算上，損金の額に算入される（法法42条1項）。圧縮記帳による国庫補助金の損金算入は税法固有の考え方による処理法であって，企業会計上かかる損金算入額は費用としては認められない。法人税法の圧縮記帳によるこのような取扱いは，国庫補助金の交付により企業の育成をはかると同時に税負担の公正を保つという法人税法のもつ租税政策的意図に沿うものである。

企業会計上費用性を認められるが，法人税法上損金不算入が適用される例として，過大な役員報酬等をあげることができる。すなわち内国法人がその役員に対して支給する報酬の額のうち不相当に高額な部分の金額として政令で定めるものは，各事業年度の所得の計算上，損金の額に算入されない。企業会計上は役員報酬の支給について，不相当に高額であるか否かの判断は行われないので，法人税法上不相当に高額とみなされる部分でも費用として当期純利益の計算に関与せしめられる。すなわちその費用性を否定してはいない。しかしながら法人税法上は，不相当に高い報酬部分を

損金に算入せしめるならば，課税所得の額がそれだけ減少して，法人税額も少なく算定される。それは税金をもって不相当に高額な報酬を負担することを意味するものであって，許されるべきことではないとするのである。

損金の額に算入すべき金額のうち当該事業年度の損失の額については，資本等取引以外の取引に係るものであることが要求されている。資本等取引の概念は，益金のところでも述べたように，次の2つのものを内容としている。その一は，資本金額または出資金額および資本積立金に増減をもたらす取引であり，その二は法人が行う利益または剰余金の分配取引をさす。かくて資本等取引によって生じた企業の純財産の減少を除き，それ以外の取引で純財産の減少をもたらす損失が損金に算入されることになる。

4　損金の額に算入すべき費用等

前節において損金の額に算入すべき金額の性格が明らかにされたので，次に具体的な損金算入項目について考察する。

(1) **当該事業年度の収益に係る売上原価，完成工事原価その他これらに準ずる原価の額**

この分類に属する原価は企業会計上資産として取り扱われる将来費用たる原価ではない。将来費用たる原価は資産として貸借対照表に記載され，当期の損益計算には関与しない。将来費用たる原価は，用役提供力が貯えられている未費消の原価であり，用役提供力が経営活動によって費やされた原価が費消原価として当期の費用となり，損益計算書に記載される。

売上原価，完成工事原価等は費消原価として当期の損益計算書に記載され，売上収益や工事収益に対応せしめられる。売上高と売上原価および工事収益と完成工事原価とはそれぞれ同時発生的な直接的対応関係にある。「当該事業年度の収益に係る売上原価，……」という表現は収益と売上原価との対応関係を表わすものとみるのが妥当である。「その他これらに準

ずる原価の額」とは，上に述べたごとく経営活動によって用役提供力を失った費消原価の性格をもち，これに対応する収益をもつ原価ということになる。たとえば，企業が保有する資産を有償で譲渡した場合，譲渡価額が譲渡収益となり，当該資産の帳簿価額が譲渡原価として損金計上され，譲渡収益に対応せしめられる。製品の製造原価については，当期に販売された製品に係る製造原価は売上原価として損金に算入され，売上収益に対応せしめられる。しかしながら期末に在庫している製品に係る製造原価については，用役提供力が残っているので，未費消原価として資産たる製品の価額を形成して貸借対照表に記載される。このようにして製造原価は一見売上原価や完成工事原価と同じ性格をもつように思われるが，その実態は一様ではないことに注意を要する。

次に売上原価等の認識と債務確定基準との関係について考えてみよう。いま商品の売上原価についてみると，当期に販売された商品を含み，その仕入れにあたっては，現金の支出または買掛品や支払手形といった営業債務の発生を伴っている。したがって売上原価については，販売された商品の仕入れに係る債務が確定しているか，またはすでに現金での決済が完了している。それゆえに売上原価そのものが販売にさいして債務確定基準によって認識されるわけではないが，仕入れの段階でこの基準をすでに満たしているとみることができる。

同様に完成工事原価についてみると，商品の売上原価と同様にこの原価そのものが債務確定基準によって認識されるというものではない。しかしながら完成工事原価の構成要素たる労務費，材料費，経費等は従業員に対する給与の支払いまたは支払い債務の確定，材料の仕入れに係る現金支出や営業債務の確定，経費に係る現金支出や営業債務の確定等を裏づけとするものであって債務確定基準を満たしているとみることができる。しかしながら完成工事原価を構成する労務費等の原価要素の全部または一部が当

該事業年度終了の日までに確定していない場合には，同日の現況によりその金額を適正に見積もることが認められている（法基通2-2-1）。つまり原価要素の一部が，たとえば当該事業年度終了時に給与が支払われるべき段階にたちいたっていない場合のように，債務として確定していなくても，見積りによって完成工事原価に含められるのである。なお売上原価等の額の算定については法人税法上何ら規定は設けられておらず，一般に公正妥当と認められる会計処理の基準に従って行われることになる（法法22条4項）。

(2) **当該事業年度の販売費，一般管理費その他の費用（償却費以外の費用で当該事業年度終了の日までに債務の確定しないものを除く）の額**

販売費，一般管理費等の費用については，売上原価等に比して収益との対応がそれほど明確でないものもあるので，収益との期間的対応関係に基づいて認識することがうたわれている。販売費については，売上収益との間に因果的対応関係が認められるが，一般管理費と収益との間には同時発生的対応も因果的対応も認めがたいので，期間的対応関係をもって両者の結びつきを表現しなければならない。なお「その他の費用」については営業外費用がこれに該当する。営業外費用と営業外収益との関係も同時発生的または因果的対応とはいえず，期間的対応をもって特徴づけざるをえない。

ところで販売費，一般管理費，営業外費用等を損金に算入するにあたっては，償却費を除いて，当該事業年度終了の日までに債務の確定していることが要件となっている。先に述べたように，法人税法上費用の認識は債務確定基準によることを原則とするからである。ただし発生費用であって，債務確定基準の要件を満たさない減価償却費や引当金繰入額が例外的に損金に算入されることは前述のとおりである。

(3) 当該事業年度の損失の額で資本等取引以外の取引に係るもの

　損失の額は，法人税法第22条第3項の第1号および第2号に規定される原価や費用と異なり，臨時的，突発的に生ずるものであって期間外的かつ非経常的なそして通常巨額にのぼる経済価値の犠牲であり，企業の純財産額を減少せしめるものであって，収益の獲得に何ら寄与するものではない。たとえば水害，火災，震災等によって発生する予期せぬ損害や企業活動に関する誤った意思決定などによって生ずる経済的負担などがそれである。後者の例としては，何らかの出来事をめぐって相手方に訴訟をおこされ，裁判において敗訴した場合に支払わなければならない賠償金などの巨額の経済的負担等が考えられる。

　このように臨時的，突発的に生じ，収益の獲得に貢献しない経済価値の犠牲で企業の純財産額を減少せしめる損失でも，資本等取引に起因するものは損金に算入されない。また別段の定めのある事項についても特別な取扱いを受けることはすでに述べたとおりである。

　事業年度の損失の額をその認識の基準である債務確定基準に係らせてみることにしよう。災害による損失については，これによって企業の保有する資産に損害が生じ，その実体が経済価値を失うが，これに伴って債務が発生することは通常は考えられない。したがって債務確定基準によってこのような損失を認識することはない。だが資産の実体に経済的損傷が生じているのであるから，資産に係る損失は実現したものとして認識することができる。他方たとえば裁判に敗訴して賠償の義務を負うような場合には，法的債務が生ずるので債務確定基準による損失の認識が行われる。このように事業年度の損失の額の認識にあたっては，損失の生ずる形態が多様であるために，一律に債務確定基準だけを適用することはできない。したがって，損失の生起する状況のいかんによってその認識に債務確定基準や実現基準を使いわけることが合理的であると思われる。

以上事業年度の損金の額に算入すべき費用等，すなわち，法人税法第22条第3項に掲記されている原価，費用および損失について考察を行った。そこで最後に損金の額に算入すべき費用等の正常性と必要性につき，その計上の妥当性の判定の問題にふれておくことにしよう。

　損金の額に算入すべき費用等については，それが経営活動に係らせて正常性および必要性の2つの観点から検討することができよう。ここに正常性とは費用等を生ぜしめる経営活動が著しい不能率や正当と認められない経営行動を含まず，経常的かつ合法的で，一般に公正妥当と認められるものであることを意味している。たとえば，稚拙な経営判断や経営行動によって平均的な水準よりも能率の悪い生産や販売が行われ，異常に高い費用等が生ずる場合，平均的水準の範囲をこえる費用等は正常なものとはいえない。また商品のころがしや投機的行為によって生じた損失は正常な経営活動の枠をはみ出した取引によるものであって正常性に合致しない。必要性とは，企業が本来目的とする経営活動を遂行してゆく上でさけることのできない費用等に係るものである。たとえば，会社の保有する施設内で開催できる会議を社外において行うことによって生ずる会議費などは必要性の基準に反することになろう。

　このような費用等に求められる正常性および必要性は，社会一般の通念に基づくものであるところから，法人税法上はこのような要請を明文化する方式はとっていない。法人税法は別段の定めを設け，社会一般の通念に反するものにつき成文の規定をもって損金算入を認めない方式をとっている。そしてこれら以外の部分については，「第2項に規定する当該事業年度の収益の額及び前項各号に掲げる額は，一般に公正妥当と認められる会計処理の基準に従って計算されるものとする。」（法法22条4項）と規定して，一般に認められた会計基準に従うべきものとしている。法人税法第34条の過大な役員報酬等の損金不算入，第36条の過大な役員退職給与の損金

不算入,過大な使用人給与の損金不算入等の規定が別段の定めにより,社会一般の通念に反する費用の損金計上を否認する例である。これらの規定は正常性と必要性の要請を根底においた措置を表わすものにほかならない。

Ⅶ 一般に公正妥当と認められる会計処理の基準と確定決算基準

1 一般に公正妥当と認められる会計処理の基準

　法人税法は第22条第4項において,「第2項に規定する当該事業年度の収益の額及び前項各号に掲げる額は,一般に公正妥当と認められる会計処理の基準に従って計算されるものとする」と規定している。内国法人の各事業年度の所得の金額は,当該事業年度の益金の額から損金の額を控除することによって計算される。益金の額に算入される当該事業年度の収益の額ならびに損金の額に算入される売上原価等,販売費・一般管理費その他の費用および損失を算定するにさいしては,一般に公正妥当と認められる会計処理の基準に従わなければならないとするのである。

　この規定は1967年の税法改正にさいして設けられたものである。そしてこのような会計基準への委任規定を設けるにいたったのは,遠くさかのぼって1952年に公表された当時の経済安定本部企業会計基準審議会中間報告「税法と企業会計原則との調整に関する意見書」,それから14年後の1966年大蔵省企業会計審議会より発表された「税法と企業会計との調整に関する意見書」および同年に公表された税制調査会の「税制簡素化についての第一次答申」にみられる考え方に基づくものである。

　前述のように各事業年度の所得は,企業会計上の収益および費用・損失に基づく益金および損金によって,すなわち企業利益を基礎として算定される。このように各事業年度の所得の計算を企業利益に依拠せしめるとこ

ろから，企業利益およびこれを計算する要素である収益・費用は一般に公正妥当と認められる会計処理の基準に従って認識され，測定されることが要求される。換言すれば，収益や費用が一般に公正妥当と認められる会計処理の基準に準拠して計算されるならば，これを尊重して益金や損金の計算に導入し，各事業年度の所得の計算を行おうというのである。

本章では，このような問題をさらに掘り下げて検討することにしたい。そこで一般に公正妥当と認められる会計処理の基準の概念，わが国における一般に認められた会計原則，わが国法人税法が採用している確定決算基準およびこれと一般に認められた会計原則との関連について考察することにする。ここでとりあげるテーマは税法会計と企業会計，とりわけ商法会計との係りに関する基本的な問題である。

2 一般に認められた会計基準の概念

法人税法において採用されている一般に公正妥当と認められる会計処理の基準とは，企業会計上の一般に認められた会計原則（generally accepted accounting principles ; GAAP）に相当するものであると解する。そこで一般に認められた会計原則のもつ諸特質について考えてみることにしよう。

会計原則が最初に社会的に要請されたのはアメリカであり1930年代初頭のことであった。会計原則が必要とされたのは，1933年の証券法および1934年の証券取引所法の制定により，株式の上場会社に対して公認会計士による法定監査が実施されるにいたったことに起因している。すなわち公認会計士が法定監査を実施する場合，監査が適切に行われたかどうかの責任はすべて当該監査人に帰せられ，監査の不備によって監査報告を受ける側が何らかの損害をこうむった場合には，公認会計士が責任を負わなけれ

Ⅶ 一般に公正妥当と認められる会計処理の基準と確定決算基準　89

ばならないこととなった。証券法が制定される前後，すなわち1932年からの数年間にわたって，ニューヨーク証券取引所とアメリカ会計士協会（現アメリカ公認会計士協会）の特別委員会との間に，監査証明書の様式，株式の上場会社に遵守せしめる財務諸表の基礎をなす会計原則その他の問題について書簡の交換が行われ，その結果として，会計士協会は監査証明書の新しい様式と5命題からなる会計原則のリストを提案した。

　この新しい監査証明書においては，会社の財務諸表は会社によって継続的に遵守される「一般に認められた会計原則」に準拠して会社の財政状態および経営成績を公正に表示したものである旨の公認会計士による意見の表明が添付されなければならないことになっていた。そして認められた会計原則の実例として5命題からなる会計原則が示されたのである。

　アメリカ会計士協会の提案した新しい様式の監査証明書はやがてすべての公認会計士によって守られるようになった。ところで公認会計士が監査をする場合のよりどころとなり，また監査証明書において意見表明のポイントとなる「一般に認められた会計原則」とはいったい何であるか，そしてそれが実際に存在するか否か，また存在するとすれば具体的にどのような内容のものであるか，これらの問題にこたえるべく，1930年代のアメリカの会計界において会計原則探究のための運動が展開されることとなった。

　このようにアメリカにおける会計原則形成の端緒は「一般に認められた会計原則」の追究という形で特徴づけられている。それでは一般に認められた会計原則はどのようにして決定され，そしていかなる性格をもっているのであろうか。

　一般に認められた会計原則とは，権威のある支持を受けて設定された会計原則である。英語で「一般に」（generally）という語は，(1)ある階層に属するすべてのものに関連を有すること，(2)多くの場合に適用されえて真実であること，(3)広くゆきわたっていること，(4)共通なことなど，各種各

様の意味に用いられる。これらさまざまな用法のうち最後の意味が一般に認められた会計原則に妥当するといわれている。たとえば，棚卸資産の評価法である先入先出法も平均原価法もともに多くの企業によって用いられており，共通性をもっているので一般に認められた会計原則ないし実践に含められるのである。

　次に会計原則に対して権威のある支持はどのようにして受けられるかが問題となる。ある会計実践が実質的に権威のある支持を受けて会計原則たる要件たりうるかどうかを決定する根拠として次のものが考えられる。まず第一はある実務が企業において通常広く行われていることである。その実務が企業の間で広く実践されうるためには，次の諸条件をそなえていなければならない。

① 当該会計実務がその適用にあたり，合理的に実践しうるものであること
② 当該会計実務が多くの事情の下において適用可能であること
③ 当該会計実務は継続的適用に耐えられなければならないこと
④ 当該会計実務がつくり出した会計情報が期間的に，また企業相互間において比較可能な結果をもたらしうるとともに，会計情報利用者の経済的意思決定にさいして有用性を発揮しうるものであること

　第二に，当該会計実践が会計理論家の大方による同意を得られる会計理論，すなわち定説に支えられていることである。ごく一部の会計理論家の唱える理論を根拠とするような会計実務であっては広く一般的な承認は得られないであろう。

　第三に，会計に関する規制当局の考え方に合致するものであることが要求されなければならない。

　第四に，公認会計士，証券アナリスト，証券取引所等会計実務の専門家の合意が得られるものでなければならない。

Ⅶ 一般に公正妥当と認められる会計処理の基準と確定決算基準

　ある会計実務が一般に認められて権威のある支持を受け，会計原則となりうるための条件は以上のとおりである。だがこのような条件をそなえた会計実務が会計原則として認定されるためには，これを承認しうる権威のある団体の存在を必要とする。会計原則は決して自然発生的に生ずるものではないからである。これが会計原則の設定主体である。会計原則設定主体のあり方は国によって異なり，国の機関自体が設定主体である場合もあれば，民間団体がその役割を果たすこともある。国の機関が設定主体である場合は，何らかの法律に基づいてそのような組織が編成され，その任にあたる。民間団体が設定主体である場合でも，まったく任意に設立された団体が会計原則設定を行うのではなく，何らかの法律規定を根拠法規とし，その委任を受けて会計原則の設定にあたる。さもなければ，たとえ立派な会計原則が設定されたとしても，これにオーソリティを認めることはできないし，会計原則に違反してもこれに何らかの制裁を加えることもできないであろう。

　会計原則設定主体が国の機関であれ，民間の団体であれ，設定機関の構成員は会計の専門家であって，先に述べた会計原則たるべき要件を満たしているか否かについての正当な判断を行使することのできるものでなければならない。また特定の社会的勢力の圧力を受け，それに屈して，公正性を欠く原則をつくるなどといったことは許されず，会計原則の設定目的を達成することができるように，倫理的責任を負うべきことはいうまでもない。

　会計原則の設定目的は，国により，時代により，また経済の発展段階や社会体制により異なるであろうが，今日の市場経済制度をとり入れている国々においては，投資家の行う投資意思決定，その他企業をとりまくステイク・ホルダーの経済的意思決定にとって役に立つこと（decision usefulness），すなわち有用性にあり，またステイク・ホルダー相互間の利害関

係の調整にある。今日では,とりわけ前者が重要視されている。したがって一般に認められた会計原則は,会計実務の中で,つくり出された財務情報が意思決定に対して有用性をもつものとして会計原則設定主体により一般的承認を与えられることによって形成されるのである。このような会計原則形成の論理的プロセスは実用主義的方法(pragmatic approach)とよばれる。

　一般に認められた会計原則の形成における実用主義的方法は,有用性を基礎とする会計概念と会計技術とを中心に展開される。この場合有用性の判断は困難な問題であるが,通常会計原則が,投資者をはじめとするステイク・ホルダーの経済的意思決定に役立つ財務諸表を作成しうる場合に,当該会計原則は有用性をもつとして一般に認められた会計原則に認定されるのである。一般に認められた会計原則はすべての企業の会計に適用されるところから,1つの会計事実についてできうる限り2つ以上の会計処理・報告の手続きや方法を認めておき,企業の業種,規模,経営方針,企業をめぐる環境等に照らして選択適用ができるように配慮されており,企業の自由裁量が幅広く認められていることを特徴としている。このように一般に認められた会計原則においては,企業に広く経理の自由を認めることによって,会計処理の合理性や経済性が保たれ,その結果として企業会計の真実性が保証されるようになっている。

　しかしながら国際会計基準(IAS)においては,各国ごとに会計処理や報告の基準が異なり,その上にさらに各国内において1つの会計的事実について2つ以上の会計処理や報告の基準を設けている状況の下では,ある企業のある会計年度の経営成績や財政状態が多様な数値として財務諸表に表わされることになるところから,原則として1つの会計事実については1つの会計処理・報告の基準を設定する方式を現在はとっている。しかしながらわが国の会計基準では,これと異なり,前述のような会計方針の

選択適用を認める会計基準設定方式が採用されている。

3　わが国における一般に認められた会計原則

　わが国において一般に認められた会計原則とは何をさすのかという問題は，法人税法における一般に公正妥当と認められる会計処理の基準を理解する上で重要な意味をもっている。本節では，わが国制度会計を構成する商法会計，証取法会計および税法会計のうち，前二者における一般に認められた会計原則について考察することにしよう。

　商法会計では，第32条第2項に「商業帳簿の作成に関する規定の解釈に付ては公正なる会計慣行を斟酌すべし。」という規定を設けている。この規定において公正なる会計慣行とは一般に認められた会計原則を意味するものと解されている。商業帳簿の作成に関する規定とは，会計記録や計算書類の作成にさいしての会計処理および報告に関する商法の諸規定をさすものと考えられる。商法には会計原則そのものは内蔵されていないので，公正なる会計慣行とは，商法の外に存在するものが予定されていると解される。

　証取法会計においては，一般に公正妥当と認められる企業会計の基準という概念が用いられており，財務諸表等規則の第1条には次のような規定がある。

　　「　証券取引法第5条，第7条，……の規定により提出される財務計算に関する書類（財務書類）のうち，貸借対照表，損益計算書，キャッシュ・フロー計算書，利益処分計算書又は損失処理計算書及び附属明細表の用語，様式及び作成方法は，……次条を除き，この章から第6章までの定めるところによるものとし，この規則において定めのない事項については，一般に公正妥当と認められる企業会

計の基準に従うものとする。
　2　金融庁組織令第24条に規定する企業会計審議会により公表された企業会計の基準は，前項に規定する一般に公正妥当と認められる企業会計の基準に該当するものとする。」

　この規定の趣旨は次のとおりである。すなわち有価証券届出書や有価証券報告書に記載される財務諸表の用語，様式および作成方法は財務諸表等規則の定めるところに従う。そしてこの規則に定めのない事項については，一般に公正妥当と認められる企業会計の基準，すなわち企業会計審議会により公表された企業会計の基準に従わなければならないと。そして第1条第2項の規定によれば，企業会計審議会によって公表された企業会計の基準こそ一般に公正妥当と認められる企業会計の基準に該当すると明記されている。

　以上によって明らかにされるように，証取法会計において，一般に公正妥当と認められる企業会計の基準とは，大蔵大臣の諮問機関である企業会計審議会がこれまでに作成し，公表してきた各種の会計基準をさしている。具体的に示すならば，それは次のとおりである。企業会計原則，連結財務諸表原則，外貨建取引等会計処理基準，セグメント情報の開示基準，リース取引に係る会計基準，研究開発費等に係る会計基準，退職給付に係る会計基準，税効果会計に係る会計基準，金融商品に係る会計基準，中間連結財務諸表等の作成基準，連結キャッシュ・フロー計算書等の作成基準，連結財務諸表制度における子会社及び関連会社の範囲の見直しに係る具体的な取扱いその他である。

　以上に述べたところから明らかなように，制度会計を構成する3つの会計領域の中で，証取法会計だけが会計基準を設定する組織をもっており，それが各種の一般に公正妥当と認められる企業会計の基準を公表している。これに対して商法会計，税法会計ともに独自の会計基準をもたず，一般に

Ⅶ 一般に公正妥当と認められる会計処理の基準と確定決算基準 95

認められた会計基準に準拠することを定めた委任規定をもっているにすぎない。そこで問題となるのは，商法および法人税法が定めている公正なる会計慣行および一般に公正妥当と認められる会計処理の基準がいったい何をさしているかである。

　今日のように，経済や企業活動がグローバル化している時代においては，国際会計基準も一般に認められた会計原則と認定されて何ら不思議ではない。企業会計原則が1949年に設定された当時，その前文において，「企業会計原則は，企業会計の実務の中に慣習として発達したもののなかから，一般に公正妥当と認められたところを要約したもの」であるとして，その性格ないし形成の仕方が示されている。これをめぐって，当時の日本の企業会計の実務は非近代的であり，未発達であったので，企業会計原則は当時の日本の企業会計実務の中に慣習として発達したものではなく，アメリカの企業会計実務を範としたものであろうという認識があった。したがって，企業会計原則はアメリカの企業会計実務の中に慣習として発達したもののなかから一般に公正妥当と認められたところを要約したものであると理解された。このような先例に照らしていえば，国際会計基準をもって一般に認められた会計基準とみることも妥当であろう。しかしながら会計制度が十分に整備されていなかった第二次大戦直後の日本と異なり，現在のわが国においては50年前に企業会計原則が設定されて以来今日にいたるまで，前述のごとく多数の会計基準が，国際会計基準や諸外国の会計基準を参考にしながら，設定されてきており，それらは国際化をにらみながらも，わが国独自のものとして形成されている。そして企業会計原則が設定された後，それは「商法と企業会計原則との調整に関する意見書」や「税法と企業会計原則との調整に関する意見書」などにみられるごとく，商法や法人税法の近代化を促すよりどころとしての機能を果たしてきた。すなわち企業会計原則はこれまでに一般に認められた会計原則として商法および法

人税法に深く影響を与えてきた歴史を有しているのである。このように考えるならば、企業会計審議会の公表してきた企業会計原則をはじめとする前記の諸会計基準こそが、公正なる会計慣行や一般に公正妥当と認められる会計処理の基準とみなされるべきものと思われる。もちろん上記の一連の会計基準として成文化されていない部分については、一般に公正妥当と認められる会計慣行が尊重されなければならないであろう。

4　確定決算基準

　今日のわが国の法人税法における各事業年度の所得の額は、益金から損金を控除することによって算定される。さらに益金は企業会計上の収益をもとに、また損金は同じく企業会計上の原価、費用および損失に基づいて計算される。このような税法会計における各事業年度の所得の計算は企業利益を前提として行われる。すなわち日本の税法会計は企業会計、とりわけ商法会計の結果を受けて実施されることをもって特徴としている。これを商法会計基準性の原則という。また商法会計が税法上一定の特典を享受するためには、商法会計が法人税法の規定に従った処理を行わなければならないという側面も存在する。つまり税法会計が商法会計に対し決算調整にさいして基準性を発揮するわけで、これを逆基準性という。このような商法会計と税法会計との関係の相互性は、商法や法人税法がドイツ法を母法として制定されているところからきたもので、その点でドイツと日本とは軌を一にしているのである。

　法人税法は第74条の第1項において、内国法人は各事業年度の終了の日の翌日から2月以内に、税務署長に対し、確定決算に基づき、当該事業年度の課税標準である所得の金額または欠損金額、当該所得の額に基づいて算定した法人税額その他を記載した申告書を提出しなければならない旨を

VII 一般に公正妥当と認められる会計処理の基準と確定決算基準　97

定めている。商法会計の結果作成された貸借対照表や損益計算書等の計算書類は，定時株主総会または取締役会において承認決議を経て確定される。このようにして確定された決算書における当期利益が税法会計に受け継がれてゆき，これに申告調整を施すことによって課税所得が算定される。以上に述べた商法会計を前提とした税法会計のあり方を確定決算基準と称するのである。

　わが国の税法会計はこのように商法会計から切り離されて独立の会計として実施されるのではなく，商法会計によって計算され，作成された計算書類に表示される企業利益を基礎として課税所得を算定する形で展開されるのであるが，それにとどまるものではない。会計帳簿にしても，税法会計固有の帳簿が存在するのではなく，企業会計上の帳簿が，法人税法に定める記載要件を満たしているならば，そのまま税法会計上も認められることになる。このように税法会計とはいうものの，課税所得を計算するための独自の会計が存在しているわけではないのである。

　すでに述べたように，税法会計においては税法固有の必要性によらない収益，費用，損失項目については，一般に公正妥当と認められる会計処理の基準に従うものとし，税法自体の固有の必要性のある事項についてのみ税法上規定が設けられており，これを「別段の定め」という。このようにして税法会計は結局企業会計における一般に公正妥当と認められる会計処理の基準と別段の定めである税法上の規定とに従って実施されるものなのである。

　相互に基本理念を異にする税法会計と商法会計とが以上に述べたごとく，確定決算基準と一般に認められた会計原則とを介して，有機的に結びつけられていることは，同時に長所と短所とを併せもつことになる。2つの会計領域が確定決算基準を媒介として結びつけられるところから，決算の確定にいたるまで1つの会計を共有することにより，一方計算経済性と計算

の信頼性ないし正確性とが保証されうるが,他方決算調整のさいの逆基準性を通じて商法会計の理念が税法会計の理念によって侵害される可能性が潜在することを閑却することができない。

VIII 法人税法における
固有の概念と処理法(1)
——「みなし」概念，限度額——

はじめに

　法人税法はすでに述べたように独自の基本理念に基づいて形成されているために，企業会計にはみられない固有の概念や処理法を擁している。たとえば「みなし○○」，限度額主義，圧縮記帳などの概念，考え方，処理法などである。これら独自の概念や処理法などは，法人税法のもつ徴税効果，経済政策の一環としての租税政策的配慮等に基づくものである。そして一定の概念をたて，これに整合的な処理手続きが定められている。法人税法独自の概念や処理法には企業会計などからみると異質のものがあり，しかもそれらは種々な局面において多くみられる重要な事項である。本章および次章においてこの問題に取り組むことにしたい。

1 「みなし配当」など

　法人税法上「みなし」という語を冠した用語がよく用いられている。「みなし事業年度」については第Ⅲ章においてすでに述べたところである。「みなし」というのは「みなす」という動詞と同じ語の名詞であり，実際はAという事項であるが，Bの概念に準じ，Bと同様の取扱いをするというときに用いられている。すなわちある変則的な状況が生じたときに，その取扱いを正常な場合に準じて行うという一種の便宜的な措置と考えられ

る。こうすることによって変則的な事象も正常なものと同じベースの上で処理されることになって，事象間の取扱いに対称性（symmetry）が，すなわち整合性が確保され，法人税法のもつ基本理念が全うされる。法人税法上このような取扱いを受ける事項がしばしばみうけられる。次にいくつかの場合について考察することにしよう。

1 みなし配当

(1) みなし配当の概念

　法人が経営活動を行った結果利益を獲得した場合，その一部は配当，役員賞与等として社外に流出してゆくが，残りは社内に留保され，法人税法上の用語に従えば，利益積立金として蓄積される。その後に行われる会社の合併，解散，資本組入れ，減資，無償増資等にさいして，株式等を発行している法人が過去に社内留保した利益積立金等の全部またはその一部を現金または新株等の形で株主等に交付する場合には，商法上の配当とは異なるが，株主等には実質的に利益の分配を受けたのと同じ効果がもたらされる。このように形式上配当とは異なるものの，実質的には当期の利益から配当を受けたと同様の経済的効果を株主等に与えることを法人税法上「みなし配当」とよび，商法上の配当と同じ取扱いをする。すなわち受取配当等の益金不算入の規定（法法23条）をこれに適用するのである。

　このみなし配当に受取配当の益金不算入の取扱いが認められるのは，内国法人からのものに限られ，外国法人から受けるみなし配当については，このような規定の適用はなく，通常の課税対象として取り扱われる。

　みなし配当が生ずるケースは次の2つの場合である。すなわち(1)株式等を発行している法人の減資や解散，当該法人からの退社・脱退，合併等にあたって株主等に金銭その他の資産が交付される場合および(2)株式等発行法人における株式の利益による消却，利益積立金の資本組入れ等により

株式価値の実質的増加が生じている場合である。次にこれら2つの場合についてさらに詳しく述べることにしよう。

(2) 減資，退社，解散等に係るみなし配当

　法人税法第24条第1項は，配当等の額とみなす項目について次のような趣旨の規定を設けている。すなわちある法人（A法人）の株主や出資者である内国法人（B法人）がA法人から次に掲げるような金銭その他の資産の交付を受けた場合に，その金銭の額およびその他の資産の価額の合計額が交付の原因となったA法人の株式または出資の帳簿価額を超えているとする。その場合，その超える部分の金額のうち，A法人の資本等の金額から成る部分の金額以外の金額は利益の配当または剰余金の分配額とみなすと。

　①　A法人の資本もしくは出資の減少または株式の消却により交付される金銭その他の資産
　②　A法人からの退社または脱退により，持分の払戻しとして交付される金銭その他の資産
　③　A法人の解散により残余財産の分配として交付される金銭その他の資産
　④　A法人の合併により交付される金銭その他の資産

　これらの場合，交付される資産が金銭以外の資産であれば，それは時価により評価される。合併により交付される資産のうち合併法人の株式または出資について，当該株式または出資の価額は額面金額または出資の金額により評価される（法令23条2項）。合併に際して交付される株式を額面金額で評価するのは，人格承継説をとっているためである。また額面金額で評価することにより，時価との差額は認識されず，これに係る課税の負担は将来にもちこされることになる。

(3) 株式の利益消却，利益積立金の資本組入等によるみなし配当

　法人につき次の①から③までの事実が生じたときは，それぞれに定める金額のうち法人Aの株主である内国法人Bが各号に掲げる事実の発生時に有する株式に対応する部分の金額は利益の配当または剰余金の分配とみなし，なおかつB法人がその事実の発生時に当該金額の交付を受けたものとみなされる（法法24条2項）。

① 利益または剰余金をもって株式の消却が行われた場合……その消却した株式に対応する資本の金額

② 利益積立金額の資本または出資への組入れが行われた場合……資本または出資に組み入れられた利益積立金額

③ 解散により残余財産の一部を分配した後における継続または合併による消滅の場合……その分配が資本等の金額からなされたものとして計算したときの分配後の株式発行法人の資本等の金額が，その継続または合併に際し，資本等の金額として株式発行法人の貸借対照表に計上されている金額に不足する場合の当該不足額

2　公益法人等に係るみなし寄付金

　公益法人等は公益に資する事業を行うことを目的として設立される。公益事業は営利を目的とするものではないので，各事業年度の所得のうち公益事業から生じた所得や清算所得があっても，これに対して法人税が課されることはない（法法7条）。公益法人等は公益事業を営む上で必要な資金を獲得するために収益事業を行い，これによって稼得した資金を公益事業に投入して使うというのが一般的である。なお収益事業によって得られた所得については法人税が課される（法法4条1項）が，低率課税である。それは公益に資するための資金を得るためには，たとえ収益事業によるものであってもこれから生じた所得に係る税負担を軽減することが望ましい

という考え方によっている。

そこで公益法人等が収益事業によって得られ，収益事業に属する資産のうちから，公益事業のために支出した金額は，その収益事業に係る寄付金の額とみなして限度額を損金の額に算入する（法法37条4項）。これを公益法人等のみなし寄付金という。つまり公益法人等の内部に公益事業を営む部門と収益事業を営む部門とが存在すると仮定して，収益事業に属する，たとえば金銭を公益事業部門に支出したときに，寄付行為が行われたものとみなし，一定の限度額の範囲で損金の額に算入することを認めているのである。公益法人等のみなし寄付金の仕組みは，公益法人等の公益事業活動を税制の面から支援し，社会に対するその貢献を促進することを意図したものである。

3　みなし役員

法人税法において役員とは，法人の取締役，監査役，理事，監事および清算人ならびにこれら以外の者で法人の経営に従事している者のうち政令で定めるものをいう（法法2条15号）。政令で定めるものは次に掲げる者である（法令7条）。

① 法人の使用人（職制上使用人としての地位のみを有する者に限る）以外の者でその法人の経営に従事しているもの

② 同族会社の使用人のうち，法令第71条第1項第4号イからハまで（使用人兼務役員とされない役員）の規定中「役員」とあるのを「使用人」と読み替えた場合に同号イからハまでに掲げる要件のすべてを満たしている者で，その会社の経営に従事しているもの

上記①および②に該当するものは，役員として法的に認定されてはいないが，実質的には法人税法第2条第15号に規定される役員と同じように法人の経営に参加し，経営の任にあたっているところから法人税法では役員

として取り扱っている。このようなものを「みなし役員」と称する。

①の「使用人以外の者でその法人の経営に従事しているもの」には，相談役，顧問その他これらに類する者でその法人内における地位，その行う職務等からみて他の役員と同様に実質的に法人の経営に従事していると認められるものが含まれる（法基通9－2－1）。

②の「同族会社の使用人のうち……その会社の経営に従事しているもの」とは，雇用上形式的には使用人の地位にあるが，実質的には役員としての機能を果しているとみなされるものをさしている。

みなし役員の概念を設ける趣旨は次のとおりである。すなわち役員に対する報酬の取扱いについては法人税法上いくつかの規制が加えられている。その一として，使用人に対しては，一部の例外を除き，支給する給与につき制限なく損金算入を認めているが，役員に対する支給には，過大報酬の損金不算入のような別段の定めを設けて損金算入にきびしい規制を加えている（法法34条1項）。その二として，役員賞与に対しては，一部の例外を除き，損金算入を認めないこととしている（法法35条1，2項）。このように役員給与について別段の定めがあるために，ある人が役員であるか，使用人であるかによって，これに対する給与を損金に算入するか否かの取扱いが異なり，これが各事業年度の法人の所得の計算に大きく影響する。このような事情から，役員としての認定に実質的判断を行使する必要があり，みなし役員なる概念を設定しているのである。形式上は使用人であっても，実質的に役員として経営に参画している場合には，役員とみなして，その給与の損金算入または不算入の処理を行うことになる。

2 限　度　額

　法人税法においては，原価，費用，損失を損金に算入する場合などに，一定の計算式を用意して，損金に算入する額の上限を規制することがしばしば行われる。損金算入額を制限なく認めると課税所得が小さくなって徴税額が確保できず，徴税効果があがらないためである。このように限度額を設けることは法人税法に限ったことではなく，税法一般に共通にみられる特色となっている。これは納税者としては，課税所得の計算にさいして注意すべき重大な関心事となっている。そこで以下限度額の計算とその意義につきいくつかの例をあげて説明することにしたい。

1　減価償却資産の償却限度額とその計算

　法人税法は第31条第1項において，次のように規定している。
　　「内国法人の減価償却資産につきその償却費として第22条第3項（各事業年度の損金の額に算入する金額）の規定により各事業年度の所得の金額の計算上当該事業年度の損金の額に算入する金額は，その内国法人が当該事業年度においてその償却費として損金経理をした金額のうち，その内国法人が当該資産について選定した償却の方法に基づき政令で定めるところにより計算した金額に達するまでの金額とする。」
　この箇条はまず固定資産の減価償却費が法人税法上損金に算入されうるものであることを規定したものである。法人税法上損金は本来債務確定基準をクリアしたものでなければならないことになっているが，発生した費用である減価償却費の計上が企業の会計慣行として広く実践されていることを尊重して，別段の定めをもってこれを損金に算入することを認めているのが上記第31条第1項の規定である。

この規定は同時に減価償却資産の償却限度額計算を指示する働きをもっている。各事業年度の損金に算入する金額は，内国法人が償却費として計上した金額のうち，当該法人の選定した償却方法に基づき政令で定めるところにより計算した金額に達するまでの金額の範囲内ということで，償却費として損金に計上できる上限額が示されているのである。法人が経理自由の原則に従って独自に減価償却額を算定した場合，企業会計上はその全額が費用として認められる。これに対して法人税法上は償却額が政令で定めるところにより計算した償却限度額を超えるときは，その超える額は償却超過額として当該事業年度の損金の額に算入されない。

　内国法人の有する減価償却資産についての各事業年度の減価償却限度額は，当該資産につき内国法人が採用している償却方法に基づき耐用年数，取得価額，残存価額などの計算要素を用いて計算される。それについて各事業年度の償却限度額を計算する内国法人の有する減価償却資産は，各事業年度終了の時における確定した決算に基づく貸借対照表に計上されているものおよびその他の資産でその取得価額を償却費として損金経理したものに限られている（法令58条1項）。

　減価償却費の計算要素である償却資産の取得価額は取得原価基準によって算定され，購入した減価償却資産，自己の建設・製作または製造に係る減価償却資産，自己が成育させた牛馬等，自己が成熟させた果樹等，合併により受け入れた減価償却資産，出資により受け入れた減価償却資産，その他の方法で取得した減価償却資産に分類され，それぞれについて具体的に取得価額の算定方法が規定されている（法令54条1項）。減価償却資産の償却の方法（法令48条1項1号および3号）に規定する耐用年数，当該耐用年数に応じた償却率および残存価額については，財務省令で定めるところ，すなわち「減価償却資産の耐用年数等に関する省令」によらなければならない（法令56条）。

減価償却資産の償却限度額の計算は個々の資産ごとになされるのではなく，一定の方法でグループ分けした各グループごとに行われる。すなわち，内国法人の有する減価償却資産で耐用年数省令に規定する耐用年数を適用するものについての各事業年度の償却限度額は，当該耐用年数に応じ，耐用年数省令に規定する減価償却資産の種類の区分ごとに，また償却の方法の異なるものについては，異なるものごとに計算した金額でなければならない。ここに減価償却資産の種類の区分とは，その種類についての構造もしくは用途，細目または設備の種類の区分等を意味している（法規18条）。このようにして減価償却資産の種類の区分ごとに，また償却方法ごとに定められた計算グループにつき償却限度額が一括して算定される。したがって，損金経理した減価償却費額が償却限度額を超えているか否かの判断は，同一の計算グループに属する減価償却資産が複数あるときは，複数の資産をひっくるめて行われることになる。

法人税法は以上に述べた減価償却資産の償却限度額の概念や原則的な計算の仕方に加えて，償却超過額のある場合，償却不足額がある場合，事業年度の中途で事業の用に供した減価償却資産，通常の使用時間を超えて使用される機械・装置，陳腐化した減価償却資産その他の償却限度額の計算の方法につき実務に対応できるように詳細な規定を設けている。

2　繰延資産の償却限度額

内国法人の繰延資産につき，各事業年度の所得の金額の計算上損金の額に算入する金額は，当該事業年度においてその償却費として損金経理をした金額のうち，当該繰延資産に関する支出の効果の及ぶ期間を基礎として政令で定めるところにより計算した金額に達するまでの金額を限度とすることになっている（法法32条1項）。これが法人税法における繰延資産の償却限度額計算に関する基本的な取扱いである。

法人税法上繰延資産は次のように定義されている（法法2条25号）。

「法人が支出する費用のうち支出の効果がその支出の日以後1年以上に及ぶもので政令で定めるものをいう。」

この定義によればすべての固定資産がこれに該当することになるが，「政令で定めるもの」と限定することによってその範囲は特定される。法人税法上繰延資産は次の2つの種類のものから成り立っている。

その一は，企業会計において計上が認められている創立費，開業費，試験研究費，開発費，新株発行費，社債発行費，社債発行差金および建設利息の8項目である。その二は，法人税法固有のもので，公共的施設や共同的施設の負担金等，資産の賃借または使用のための権利金等，役務の提供を受けるための権利等，広告宣伝用資産を贈与する費用，以上のほか自己が便益を受けるために支出する費用が繰延資産として取り扱われる（法令14条1項）。

その一の分類に属する繰延資産は企業会計上次のような性格をもっている。企業会計原則はその注解・注15において「将来の期間に影響する特定の費用」（以下,「特定の費用」という）なる概念を設定し，これを「すでに代価の支払が完了し又は支払義務が確定し，これに対応する役務の提供を受けたにもかかわらず，その効果が将来にわたって発現するものと期待される費用」と定義している。そして特定の費用の会計処理については，「次期以後の期間に配分して処理するため，経過的に貸借対照表の資産の部に記載することができる」としている。すなわち，特定の費用については用役提供力が存在することを根拠としてこれに資産性を認め，繰延経理することを許している。したがって特定の費用については，次の2つの処理法が選択適用できることになっている。

① 特定の費用をその生じた期に一括して費用として処理する方法

② この費用を繰延経理する方法

さらに②の場合には、項目によって異なるが、3年または5年内に毎期均等額以上の償却をしなければならないので、3年または5年にわたり毎期均等額を償却する場合から、より短い期間に償却を完了してしまう場合まで、複数の選択的方法がありうることになる。このような償却方法を自由償却という。

企業会計が特定の費用について繰延処理を認めているのは、株主の立場から期間損益計算の適正化をはかるという意図に基づいている。これに対して特定の費用をその生じた期に一括して費用化することおよび繰延経理をした場合に、毎期均等額以上を償却し、なるべく短期間に償却を完了させることは、債権者保護を根拠としている。このような特定の費用の会計処理法は、企業会計上株主と債権者双方の立場を顧慮して、その利害の調整を目的としたものである。

法人税法はその一の繰延資産につき企業会計におけるこのような基本理念に配慮して、社債発行差金以外の7つの項目については、自由償却を容認している。すなわち企業会計上の7項目の繰延資産については、前期までに損金算入された金額を除き、繰延資産の帳簿価額がそのまま償却限度額となっている（法令64条1項1号）。

企業会計上の繰延資産の1つである社債発行差金および税法固有の繰延資産についての償却限度額は次のように算定される。すなわち、当該繰延資産の額をその支出の効果の及ぶ期間の月数で除し、これに当該事業年度の月数を乗じて計算した金額をもって償却限度額とする。なおこの場合の月数は暦に従って計算し、1月に満たない端数の生じたときは、これを1月として扱う（法令64条1項2号および2項）。この場合の償却限度額は、費目の異なるごとに、また償却期間の異なるごとに計算する（法基通8－3－7）。

3 寄付金の損金算入限度額

　内国法人が各事業年度において支出した寄付金の額の合計額のうち，その内国法人の資本等の金額または当該事業年度の所得の金額を基礎として政令で定めるところにより計算した金額を寄付金の損金算入限度額という。支出した寄付金の合計額のうち損金算入限度額を超える部分の金額は，その内国法人の各事業年度の所得の金額の計算上，損金の額に算入されない（法法37条2項）。上記寄付金の損金算入限度額は次のとおりである。

① 普通法人，協同組合等および人格のない社団等については次に掲げる金額の合計額の2分の1に相当する額

　イ 当該事業年度終了の時における資本等の金額を12で除し，これに当該事業年度の月数を乗じて計算した金額の1,000分の2.5に相当する金額

　ロ 当該事業年度の所得の金額の100分の2.5に相当する金額

② 普通法人，協同組合等および人格のない社団等のうち，資本の金額または出資金額を有しないものならびに財務省令で定める法人については，当該事業年度の所得の金額の100分の2.5に相当する金額

③ 公益法人等については次に掲げる法人の区分に応じて以下に定められている金額

　イ 私立学校法第3条に規定する学校法人，社会福祉法第22条に規定する社会福祉法人または更生保護事業法第2条第6項に規定する更生保護法人については，当該事業年度の所得の金額の100分の50に相当する金額

　ロ イに掲げる法人以外の公益法人等については，当該事業年度の所得の金額の100分の20に相当する金額

　以上の各号に規定する所得の金額は，内国法人が当該事業年度において

支出した寄付金の額の全額は損金の額に算入しないものとして計算しなければならない（法令73条1項および3項）。

　以上のごとく寄付金の損金算入については規制が加えられている。その理由としてはいくつかのものがあげられる。第一に，寄付金と一口にいっても，その性格は多様であり，あるものは法人が事業遂行に関連して何らかの給付を受けたことに対する対価の支払いとしての意義をもつかもしれないし，給付を受けることとは関係なく，社会的な恵贈を意図したものもあるであろう。そこで寄付金ごとにその性格を認定することのわずらわしさをさけて，性格上の区別を問うことなく，形式基準に従って，寄付金の損金算入に限度額を設けているとみることができる。

　第二に，寄付金の損金算入は課税所得の圧縮とその結果として法人税額の減少をもたらすので，寄付金を制限なく損金として認めることは寄付金の支払いを納税者たる法人が国に転嫁することを意味し，租税の公平負担の原則にもとることになる。しかしながら寄付金が国や地方自治体に対するものである場合には，これを損金に算入しても国等の負担となるものではないので，このような場合全額を損金として認める特則が設けられている。また財務大臣が個々に認めた公的性格をもつ指定寄付金の損金算入も同様の趣旨によるものである。

　内国法人が各事業年度において寄付金を支出し，これについて確定した決算において利益または剰余金の処分による経理をしたときには，各事業年度の所得の金額の計算上，これを損金の額に算入しない（法法37条1項）。法人が寄付金を自らの意思で利益処分項目として経理したからには，これを損金に算入する理由はないと考えるからである。

IX 法人税法における
固有の概念と処理法(2)
——圧縮記帳, 同族会社の特別規定——

1 圧 縮 記 帳

1 圧縮記帳の意義

　圧縮記帳は税法固有の計算技術の1つであり，経済政策の実施に係らしめ，納税者たる法人に一定の経済効果をもたらしながら，課税の公平をはかろうとする課税所得算定の仕組みである。法人税法第42条第1項においては，国庫補助金等で取得した固定資産等の圧縮額の損金算入につき次の趣旨のことが規定されている。すなわち内国法人が，各事業年度において固定資産の取得または改良にあてるため，国や地方公共団体の補助金等の交付を受けたとする。そして当該事業年度中にその国庫補助金等をもって，交付の目的に適合した固定資産の取得または改良を行った。そしてその固定資産につき，当該事業年度にその取得または改良にあてた国庫補助金等に相当する金額（圧縮限度額）の範囲内で，その帳簿価額を損金経理によって減額した場合，減額相当額等は，当該事業年度の所得額の計算上損金の額に算入される。これは国庫補助金等で取得した固定資産の圧縮記帳の例である。

　法人税法および租税特別措置法においては，このような圧縮記帳を認める規定が多数設けられている。たとえば，工事負担金等で取得した固定資産の圧縮記帳（法法45条），非出資組合が賦課金で取得した固定資産等の圧

縮記帳(法法46条), 収用等に伴い代替資産を取得した場合の圧縮記帳(措法64条)等々である。

法人税法は法人観として株主集合体説をとっている。そのために資本取引は, 株主の企業に対する醵出, その後におけるその変動, 移転等をもたらす取引に限定される。そのために国や地方自治体により企業に交付された国庫補助金, 消費者が受益者として企業に支払った工事負担金, 保険会社の企業への保険金支払いに係る保険差益等々は資本取引に関するものとは認められず, 課税益金を構成する。しかし, これらの項目を無条件で益金として課税の対象とすることは, その発生の源泉となる取引の意図や性格に照らして問題があるところから, 圧縮記帳をこれに認めて, その取引に係る経済効果を実効あらしめようとするのである。以下, 圧縮記帳をめぐる諸問題について述べることにする。

2 圧縮記帳制度の構造と趣旨

圧縮記帳は, 法人が国庫補助金, 建設助成金, 保険金, 固定資産譲渡代金等によって, あらたに固定資産を取得した場合に, 一定の要件(たとえば, 国庫補助金等の返還を要しないことが当該事業年度終了の時までに確定したこと等)を充足することを前提として, 取得した固定資産の取得価額を補助金等に相当する額だけ減額, すなわち圧縮することを認め, かくして, 一方, 益金に算入した国庫補助金等を, 他方, 圧縮した金額を損金に計上することによって, これと相殺し, 当面課税利益を計上しないものとする制度である。換言すれば, 国庫補助金や建設助成金等の交付を受け, これを用いて固定資産を取得した場合等に, 圧縮記帳を行うならば, 補助金等を益金として計上することはさけられないとしても, 圧縮損を損金に計上することが認められるので, 圧縮による損金を補助金等による益金と相殺することによって, その年度の課税が免除されるのである。圧縮記帳をもし

行わないのであれば，補助金等の額が益金に計上されるだけで，損金は何ら計上されないために，補助金等の額がまるまる課税所得に算入されることになる。したがって企業としては，圧縮記帳をしなければ，補助金等に対して当期に全額税金が課せられることになる。だがそれ以後においては，この補助金等に関しては課税の問題は残らない。

ところが補助金等の金額について圧縮記帳を行う場合には，当該年度においては，これに税金は課されないけれども，以後の期においては，税金がなしくずしに課されることになる。なぜならば，たとえば固定資産の取得原価から補助金等の圧縮額を控除した金額をもとにして，当該固定資産の耐用年数にわたって減価償却が行われる場合，毎期の減価償却額が，取得原価をもとに当該耐用年数について計算した減価償却費額から，取得原価より圧縮額を差し引いた額について，同一耐用年数にわたって計算した減価償却費額を差し引いた分だけ，過小に計上されることになる。そのために，その差額分に相当する金額だけ損金が少なく計上され，したがって課税所得がそれだけ大となる。このようにして圧縮記帳を行う場合には，その効果として国庫補助金等の交付を受け，これをもって固定資産を取得した年度においては，これについて課税関係は生じないが，それ以降の年度においては，当該固定資産の耐用年数にわたって減価償却費が，正規の償却費に比して毎期過小に計上される結果，税務的には，課税の繰延べが行われるという効果が生ずる。結局のところ償却資産を例にとれば，圧縮額に相当する金額が，一度に課税されることなく，耐用年数にわたって，毎期徐々になしくずし的に課税されることになるのである。

圧縮記帳が行われない場合には，国庫補助金等が交付された年度（例外は若干あるが）に，いちどきに課税されてしまい，それ以降の年度には課税の問題は残らないことと比較するならば，圧縮記帳の税務上の効果が容易に理解されうるであろう。ただ圧縮記帳をするにせよ，しないにせよ，

結局は国庫補助金等に相当する金額がいちどきにか，または当初の年度を除いてなしくずし的にか，いずれは課税所得に算入されるという点では何ら異なるところはないが，経済的実質を考えるならば，そしてまた金利等を考えるならば，圧縮記帳をする方が，しない場合に比べて，納税者たる企業にとっては有利であることは明らかである。

圧縮記帳は以上に述べたごとき効果をもっているが，それではこの制度のねらいはどこにあるのであろうか。国庫補助金や建設助成金等は交付時にいちどきに課税したのでは，補助金等の交付の目的とする産業の育成や発展などの意義が減殺されてしまう。租税制度が国の経済政策の一環として機能しなければならないという趣旨からするならば，補助金等に対するいちどきの課税は経済政策に反することになる。したがって，そのような形での課税はこれをさけなければならない。ところで国庫補助金等の交付を受けた法人に対して，経済政策の遂行に照らして，まったく課税しないのでは，補助金や助成金等を受けた企業とそうでない企業とで，税制上不公平が生じ，課税の公平という租税の基本原則にもとることになる。そこで一方，補助金や助成金等の交付の目的を十分に達成させながら，他方で課税の公平を期するべく考案されたのが圧縮記帳の制度なのである。

圧縮記帳制度は，以上に述べたところから明らかであるように，税制上きわめて合目的的であり，また合理的である。ビルト・イン・ステイビライザーとしての租税制度の精神からみて，圧縮記帳制度はこのようにきわめてすぐれた機能を果たしている。だがわが国の租税制度は確定決算主義をとっていることから明らかなように，企業会計とも密接な関連を有している。圧縮記帳制度は，その運営の仕方いかんによっては，企業会計と相いれない局面をもつことがさけられない。少なくともこれまでのところ圧縮記帳制度は企業会計に少なからず影響を及ぼしてきた。期間損益計算の面において，また企業財務の面において等々である。経済政策の遂行と課

税の公平をはかる上で整合的である圧縮記帳制度は企業会計とは決して相いれないものではなく，この制度の巧みな運用によって何ら問題は生じないと考えられる。

3 圧縮記帳等の会計処理法

圧縮記帳およびこれに代わる会計処理法として次の3つの方式がある。以下それぞれの方式とその特徴を明らかにしよう。

(1) **直接減額方式（圧縮記帳）**

この方式によれば，たとえば国庫補助金を受け入れたときに益金に算入し，他方圧縮限度額以内の金額を圧縮損として損金に算入するとともに，当該補助金をもって購入した固定資産等の簿価を圧縮額だけ直接に減額する。このようにして国庫補助金が益金として計上されても，同時に圧縮損が損金に計上されるところから両者は相殺されて当該年度の課税所得には何らの影響が及ばない。固定資産の帳簿価額は圧縮額だけ過小表示されるので，次期以降の減価償却費が過小計上されて，その分だけ課税所得が大となる。この方法は固定資産の取得原価が帳簿に現れないところから，株式会社等においては商法における取得原価主義に反するという批判がなされている。

(2) **引当経理方式**

この方法によれば，圧縮限度額を固定資産の取得原価から直接減額する代わりに，

　　（借）圧縮記帳引当金繰入　×××　　（貸）圧縮記帳引当金　×××

の仕訳を行う。引当経理方式は，圧縮限度額以下の金額を損金経理により圧縮記帳引当金勘定に繰り入れ，固定資産の取得原価から直接減額するものではないので，商法の取得原価主義に沿う方法であるといわれる。した

がって，この方法は国庫補助金等で取得した固定資産等についての圧縮記帳に代わる経理方法として認められている（法法42条1項，法令80条）。この方法にあっては，固定資産は取得原価で記帳されているので，税法上これより引当金額を控除した金額を当該固定資産の税法上の取得原価とみなし，これを基礎として以後の減価償却費の計算を行うことになる。

(3) 積立金経理方式

この方法によれば，国庫補助金等は益金に算入され，同時に圧縮限度額以下の金額が確定した決算において利益または未処分利益の処分により積立金として積み立てられる。

　　　　　（借）未 処 分 利 益　　×××　　（貸）圧 縮 積 立 金　　×××

この積立金は申告調整に際して減算調整されて所得から控除されるので，補助金の受入れは当期の課税所得額に影響を及ぼさないことになる。積立金経理方式による場合，積立金として処理した金額を，固定資産の取得原価から控除した金額を基礎にしてその後の減価償却費の計算を行うことになる。

建設助成の目的で国庫補助金の交付を受けて機械を購入し，圧縮記帳等を行う処理を計算例を用いて解説することにしよう。

〔計算例〕

国庫補助金20,000千円の交付を受け，設備の近代化のために48,000千円の機械を取得した。これを前述の3つの方式によって処理するならば次のようになる。

（i）　直接減額方式，すなわち機械の取得原価を圧縮限度額の範囲内で直接に減額する場合

　① 　国庫補助金の交付を受けたとき

　　　（借）現 金 預 金　　20,000千円　　（貸）国 庫 補 助 金　　20,000千円

　② 　設備近代化のために機械を48,000千円にて購入した。

（借）機 械 装 置　48,000千円　（貸）現 金 預 金　48,000千円
　③　圧縮限度額20,000千円を損金経理により圧縮記帳
　　（借）圧　　縮　　損　20,000千円　（貸）機 械 装 置　20,000千円
（ⅱ）　引当経理方式
　①および②の処理は（ⅰ）の場合と同様
　③　機械の圧縮限度額を機械装置圧縮記帳引当金に繰り入れる。
　　（借）機械装置圧縮記帳引当金繰入　20,000千円　（貸）機械装置圧縮記帳引当金　20,000千円
（ⅲ）　積立金経理方式，すなわち確定決算において，圧縮限度額を利益処分により積立金に繰り入れる。
　①および②の処理は（ⅰ）の場合と同様
　③　圧縮限度額の利益処分による積立金への繰入れ
　　（借）未 処 分 利 益　20,000千円　（貸）機械装置圧縮積立金　20,000千円
　申告書において積立額につき減額調整する。
　以上の関係を図解するならば次のとおりである（単位：千円）。

国庫補助金　20,000		国庫補助金の交付を受けた
機械取得原価　48,000		補助金の交付目的に沿った機械の購入
圧縮限度額　20,000	税法上の帳簿価額　28,000	税務上の処理

　上の計算例において，購入した機械の耐用年数を10年，定率法による償却率を20.6％（「減価償却資産の耐用年数等に関する省令」別表第9　減価償却資産の償却率表による）として，企業会計上の減価償却費計算，圧縮限度額を減額した後の帳簿価額に基づく減価償却費計算および圧縮記帳引当金の取崩計算を示すならば次のとおりである。ただし，減価償却費計算は第3年度までにとどめておく。

	当初金額	第1年度	第2年度	第3年度
取得原価による減価償却費				
① 減価償却費		9,888千円	7,851千円	6,234千円
② 減価償却累計額		9,888	17,739	23,973
③ 帳簿価額	48,000千円	38,112	30,261	24,027
圧縮記帳後の簿価による減価償却費				
④ 減価償却費		5,768	4,579	3,636
⑤ 減価償却累計額		5,768	10,347	13,983
⑥ 帳簿価額	28,000	22,232	17,653	14,017
圧縮記帳引当金の取崩				
⑦ 圧縮記帳引当金取崩額		4,120[*1]	3,271[*2]	2,598[*3]
⑧ 圧縮記帳引当金残高	20,000	15,880	12,609	10,011

* 1 20,000千円×0.206=4,120=9,888−5,768
* 2 15,880千円×0.206=3,272=7,851−4,579
* 3 12,609千円×0.206=2,598=6,234−3,636　　　　(注)

　上の計算例に示されているように，税法上の減価償却費額は機械の取得価額から圧縮限度額を控除した金額を基礎にして計算した金額となる。企業会計上は取得原価をベースとして減価償却費の計算を行うので，税法上の償却費計算額よりも費用化額が⑦の値だけ大となっている。つまり毎期の税法上の減価償却費額は⑦に相当する額だけ過小に費用化されるので，それだけ課税所得額が大となり，国庫補助金の交付を受け機械装置を購入した年度より以降償却の完了するまでの期間に徐々に税金の支払いを行うことになる。

2　同族会社と課税上の特別規定

1　同族会社の意義

　法人税法においては同族会社なる概念を設定し，このような法人に対しては課税上特別な規定を設けて取り扱うことにしている。ここに同族会社

とは，株主等の3人以下の人達で株式等の50％以上を所有している会社をいう。より詳細にいうならば，株式会社の株主または合名・合資・有限会社の社員の3人以下，ならびにこれら株主等同族関係者と政令で定める特殊な関係のある個人および法人が，株式総数または出資金額の50％以上を有している会社である（法法2条10号）。

同族会社はこのように，3人以下の少数の株主や出資者に経営上の支配権が集中しているため，これら会社の所有者達の個人的意思決定に従って会社が管理され，運営されるので，種々な問題が発生しがちである。たとえば配当を抑制して所得税の負担をのがれるとか，法人税の不当な軽減をはかるなど，非同族会社にあっては生じがたい行為や計算が行われがちである。そのために同族会社に対して特別な措置を講ずることがなければ，その数が圧倒的に多いところから，同族会社に係る徴税効果が著しく低下するおそれがある。たとえば利益の配当を抑制して所得を留保すれば，配当課税20％の徴収が不可能となって徴税効果があがらないことになる。そこで法人税法は，同族会社に対して特別な規定を設けているのである。

ところで同族会社を認定して，これに特別な規定を適用するためには，同族会社について厳密な定義をしておかなければならない。そこで前述のように法人税法第2条第10号において同族会社についての概念規定が行われている。その定義の中で表明されている「株主等の3人以下並びにこれらと政令で定める特殊の関係のある個人及び法人」の内容については，法人税法施行令第4条において詳細に定められている。

2　同族会社に対する特別規定

法人税法においては，同族会社に対して，使用人兼務役員の範囲を制限し，行為または計算を否認し，さらに留保金課税を行うという形で特別の措置を講じている。以下これらについて述べることにしよう。

(1) 使用人兼務役員の範囲についての制限

　内国法人がその役員に対して支給する賞与は，各事業年度の所得の金額の計算上損金の額には算入されない（法法35条1項）。それは役員はその経営努力によって利益が生じたときに，これを分配する形で賞与が支払われるからである。経営が順調に行われるか否かは役員の責任にかかっているために，そのような考え方がとられているのである。ところが各事業年度において，使用人としての職務を有する役員，すなわち使用人兼務役員について一定の条件の下で使用人としての職務に対して支給する賞与の額を損金経理したときには，当該職務に対する相当なものとして政令で定める金額に達するまでの金額は当該事業年度の所得の金額の計算上これを損金の額に算入することが認められている（法法35条2項）。なおここに使用人としての職務を有する役員とは，役員（社長，理事長その他政令で定めるものを除く）のうち，部長，課長その他法人の使用人としての職制上の地位を有し，その上つねに使用人としての職務に従事するものをさしている（法法35条5項）。

　ところで使用人兼務役員とは認められない役員で政令で定めるものは次のとおりである（法令71条1項）。

① 　副社長，代表取締役，専務取締役，専務理事，常務取締役，常務理事，清算人その他これらの者に準ずる役員

② 　合名会社および合資会社の業務執行社員

③ 　監査役および監事

④ 　以上の者のほか，同族会社の役員のうち次の要件のすべてを満たしている者

　　イ　当該会社の株主グループにつき，その持株割合がもっとも大きいものから順位をつけ，その第一順位の株主グループの持株割合を算定し，またはこれに順次第二順位および第三順位の株主グループの

持株割合を加算した場合，当該役員が次の株主グループのいずれかに属していること
- （ⅰ） 第一順位の株主グループの持株割合が50％以上の当該株主グループ
- （ⅱ） 第一順位および第二順位の株主グループの持株割合を合計した場合に，その持株割合がはじめて50％以上になるときのこれらの株主グループ
- （ⅲ） 第一順位から第三順位までの株主グループの持株割合を合計した場合に，その持株割合がはじめて50％以上になるときのこれらの株主グループ

ロ　当該役員の属する株主グループの当該会社に係る持株割合が10％を超えていること

ハ　当該役員の当該会社に係る持株割合が5％を超えていること

以上の規定から理解されうるように，使用人兼務役員と認められない役員に関する制約条件について，同族会社には④という特別な条項が付け加えられている。このように使用人兼務役員の範囲を非同族会社に比してきびしく制限することによって，使用人兼務役員に対する賞与の損金算入を制約しようとするのである。

(2) 行為または計算の否認

税務署長は，内国法人である同族会社等の法人税について更正または決定をする場合に，その法人の行為または計算で，これを容認した場合には法人税の負担を不当に減少させることになると認められるものがあるときには，その行為または計算に係らず，税務署長の認めるところにより，その法人に係る法人税課税標準，欠損金額または法人税の額を計算することができる（法法132条1項）。このような特別規定は，同族会社の行う経営行為や課税所得の計算は，経営者が恣意的にコントロールしうる余地が大

であって、そのままでは受け入れることができないという考え方に基づいている。

(3) **留保金課税**

　法人税については、所得の大きさに係らず税率の一定な比例税率が適用される。これに対して所得税にあっては、所得額に呼応して税率の高まる累進税率が適用されている。少数の株主等が企業の経営権を獲得している同族会社においては、累進税率の適用される所得税の負担を回避するために、会社の利益を配当や賞与として株主等に分配する代わりに社内に必要以上に留保しようとする傾向がみられる。それでは、同族会社以外の企業に対して税負担のアンバランスが生じ、不公平であると同時に徴税効果があがらないという問題が生ずる。そこでこのような状況をさけ、税負担の均衡をはかるために、同族会社の留保所得に対して特別な税率を適用した課税を行う制度が設けられている。これを同族会社の留保金課税という。

　法人税法第67条第1項では、次のように規定している。すなわち内国法人たる同族会社の各事業年度の留保金額が留保控除額を超える場合には、その同族会社に課する各事業年度の所得に対する法人税額は、法人税法第66条第1項または第2項の規定により計算した法人税の額に、その超える部分の留保金額を次の各号に掲げる金額に区分して、それぞれの金額に当該各号に掲げる割合（特別税率）を乗じて計算した金額の合計額を加算した金額とする。

　　（ⅰ）　年3,000万円以下の金額　　　　　　　　　　10%
　　（ⅱ）　年3,000万円を超え、年1億円以下の金額　　15%
　　（ⅲ）　年1億円を超える金額　　　　　　　　　　20%

　上の規定にある留保金額の計算については同法第67条第2項に、また留保控除額については同条第3項に規定されている。

　なお留保金課税の対象となるのは、同族会社であるか否かの判定の基礎

となった株主または社員のうちに同族会社でない法人がある場合，当該法人をその判定の基礎となる株主または社員から除外して判定したときでも同族会社となるものに限定される（法法67条1項）。換言すれば，同族会社の中で，非同族会社たる法人株主等を同族判定株主等から除外した場合には同族会社とはならない会社には，留保金課税は適用されないのである。このような場合，会社が同族会社に該当するかどうかは，当該会社の当該事業年度終了の時の現況に応じて判定することになる（法法67条6項）。

〔参考文献〕
・武田隆二著『法人税法精説』1982年，森山書店，307-311ページ。

X 権利・債務確定基準と企業会計上の認識基準

はじめに

　第V章および第VI章において，益金および損金について取り扱った。各事業年度の所得の計算に関与する益金および損金の額は，所定の認識基準によって把握されなければならない。法人税法においては，益金および損金の認識基準として，権利確定基準および債務確定基準が用いられている。本章では，これら2つの基準について考察するものであるが，それらの本質を正しく認識するにあたっては，企業会計における認識基準と比較検討することが有効である。そこでまず権利および債務確定基準についてその特質を明らかにする。次いで企業会計上の認識基準である発生主義および実現主義について述べ，さらに認識基準のもつ特質を分析する。そして最後に税法上の2つの認識基準を企業会計における認識基準に係らせて比較，考察することにより，その特質を明らかにしたいと思う。

1 債務確定基準と権利確定基準

1 債務確定基準

　行論の便宜の上から，最初に債務確定基準について述べることにする。債務確定基準に関しては，第VI章において簡単にふれておいたが，その詳細は後述することを約束した。債務確定基準は損金に算入される費用項目

等を判定するための基準である。したがって，費用項目等はこの基準の定める要件を満たしたときにはじめて損金として所得計算に関与せしめられる。債務の確定の判定については，法人税基本通達 2 – 2 –12に次の規定が設けられている。

「法第22条第 3 項第 2 号（損金の額に算入される販売費等）の償却費以外の費用で当該事業年度終了の日までに債務が確定しているものとは，別に定めるものを除き，次に掲げる要件のすべてに該当するものとする。

(1) 当該事業年度終了の日までに当該費用に係る債務が成立していること。

(2) 当該事業年度終了の日までに当該債務に基づいて具体的な給付をすべき原因となる事実が発生していること。

(3) 当該事業年度終了の日までにその金額を合理的に算定することができるものであること。」

それではこの規定を検討することにしよう。まず(1)の要件は，当該事業年度の終了の日までに，すなわち所得計算がその期間について行われる会計期間中に一定の取引が行われて費用が生じ，それに伴って法律上の債務が成立していることを意味している。すなわち何らかの取引が行われて経済価値が費やされ，これに対する対価の支払いの義務が生じている状況を表わしている。(2)の要素は債務が成立し，これを決済しなければならない原因となる事実が生起していること，すなわち一定の取引が行われて経済価値の費消が生じていることである。(3)は，ある取引が行われて経済価値の費消があり，これに係る対価を支払うべき金額が合理的に算定されうることをさしている。結局以上を総合すれば，ある取引活動が行われ，これに伴って経済価値が費やされたという事実があり，これに係る対価を支払うべき債務が成立している。そしてさらに債務に関して給付すべき金額が

明確で合理的に算定されうることを規定している。このようにして3つの要件のすべてが満たされたときに債務が確定したといいうるのである。

ところで上記3つの要件がすべて満たされたときに債務は確定するのであるが、それでは(1)の要件である債務の成立とはいったい何を意味するのであろうか。

債務は一般に次の3つの要件を構成内容とするものと解されている。その一は、履行すべき契約の相手方である債権者が確定していることである。その二は、債務に基づいて相手方に給付すべき契約履行の時期が到来していることである。その三は債権者に提供すべき金額その他給付の量が明らかになっていることである。これら3つの内容の整ったものを債務と称する。これら3つの要件のいずれかが満たされていない状況にある場合、それは条件付債務とよばれる。基本通達2－2－12における(1)の要件である債務の成立とは、不確定の条件付債務の状態をさすものと解される。その例として退職給付引当金のような債務性の引当金、一定の契約に従い、継続して役務の提供を受ける場合のすでに提供された役務に対する未払費用などをあげることができる。このようにして債務の成立、給付をなすべき原因となる事実および金額が合理的に算定しうることの3つをすべて満たしたときに債務は確定したと認められる。

ところで債務の確定に関する3つの要件の中の債務の成立に代えて、現金の支出があったときに、債務確定基準は損金の認識基準として有効であるといいうるかどうかが問題である。これについて考慮するにあたっては、債務の成立と現金支出とを比較して、後者が前者よりも厳格であるか否かが決め手となると考えられる。確定した債務はいずれ近い将来究極的に現金をもって決済されなければならない。すると債務の成立よりも現金支出の方がよりきびしい条件を満たしている。債務の成立を現金支出におきかえた場合には3つの要件をすべて満たすことになる。かくて現金支出は債

務確定の要件をクリアするものとして現金の支出を伴う費用は,各事業年度の損金に算入されうることとなる。

基本通達2－2－12において債務確定の要件を定めている文言の中で,「償却費以外の費用」として,償却費は債務確定基準の適用対象から除外されている。減価償却費を例にとるならば,この費用の認識は固定資産のもつ経済価値の費消という事実のみを基礎としており,債務の成立も現金の支出も伴わない。つまり費用が生じていることは認識されうるが,これに付随してキャッシュ・アウトフローが伴っていない。このような条件での費用の認識は企業会計上発生主義によって行われる。債務確定基準の下においては,発生費用の損金としての認識は禁じられているのである。償却費等以外の費用だけが債務確定基準の適用対象となるというのは,債務の成立も現金の支出も伴わない費用は債務確定基準をクリアできないために除外されることを意味する。このようにして償却費のような発生費用は税法の立場からは本来損金に算入されえない。しかしながら企業の会計慣行に従えば,減価償却費をはじめとする発生費用は企業会計上は費用として何ら問題なく損益計算に関与せしめられる。そこで法人税法は償却費等を債務確定基準からはずれたものとして除外しながらも,広く行われている企業の会計実践を尊重して,別段の定めを設けてその損金算入への道を開いているのである。発生費用の損金算入が別段の定めによって認められている主なものは,固定資産の減価償却費,貸倒引当金や負債性引当金への繰入額等である。

2 権利確定基準

権利確定基準は収益を益金に算入するにあたって基準となる概念であり,費用の損金算入の基準となる債務確定基準に対応するものである。通達をはじめ法人税法上債権確定基準についての概念規定は,債務確定基準の場

合と異なって存在しない。しかしながら損金に係る債務確定基準に対応するものとして，益金に関する債権確定基準の考え方は現実に生きているのである。それは所得税法の所得金額の計算の通則における次の規定に表明されている（所法36条1項）。

「その年分の各種所得の金額の計算上収入金額とすべき金額又は総収入金額に算入すべき金額は，別段の定めがあるものを除き，その年において収入すべき金額（金銭以外の物又は権利その他経済的な利益をもって収入する場合には，その金銭以外の物又は権利その他経済的な利益の価額）とする。」

ここに表明されているのは，その年の所得金額の計算上収入金額としなければならない金額等は，その年に収入することになっている金額であるということである。ここで重要なのは，その年に収入すべき金額という文言である。これは現在は収入金額となってはいないが，近々にその年の収入となるはずの金額，すなわち債権を表わしている。これはまさに債権確定基準に対応するものであるが，法人税法上これに関する明文の規定はない。しかしながら法人税法上も収益の益金への算入に関する基準として，債権確定基準を重視する向きは少なくないといわれる。

法人税法上は，第22条第2項において，各事業年度の所得の金額の計算上益金の額に算入すべき金額は，資産の販売等当該事業年度の収益の額であるとし，その収益の額は一般に公正妥当と認められる会計処理の基準に従って計算されるものとしている。すなわち益金に算入される収益の額は会計基準に従って算定されることになっているのである。収益の認識を会計基準にゆだねた場合，それは実現主義に準拠することを意味する。そこで法人税基本通達は，収益を認識するための個別的な基準を項目別に定めている。その主要なものをいくつかあげることにしよう。

(1) **棚卸資産の販売による収益の帰属の時期**

　棚卸資産の販売による収益の額は，その引渡しがあった日の属する事業年度の益金の額に算入する（法基通2－1－1）。

(2) **請負による収益の帰属の時期**

　請負による収益の額は，別に定めるものを除き，物の引渡しを要する請負契約にあってはその目的物の全部を完成して相手方に引き渡した日，物の引渡しを要しない請負契約にあってはその約した役務の全部を完了した日の属する事業年度の益金の額に算入する（法基通2－1－5）。

(3) **固定資産の譲渡による収益の帰属の時期**

　固定資産の譲渡による収益の額は，別に定めるものを除き，その引渡しがあった日の属する事業年度の益金の額に算入する（法基通2－1－14）。

(4) **有価証券の譲渡による損益の計上時期**

　有価証券の譲渡による譲渡利益額または譲渡損失額の計上は，原則として譲渡に係る契約の成立した日に行う。一，二の例をあげるならば次のとおりである。

　(1) 証券業者等に売却の媒介，取次ぎもしくは代理の委託または売出しの取扱いの委託をしている場合　当該委託をした有価証券の売却に関する取引が成立した日

　(2) 相対取引により有価証券を売却している場合　証券取引法第41条《取引報告書の交付》に規定する取引報告書に表示される約定日，売買契約書の締結日などの当該相対取引の約定が成立した日（法基通2－1－22）。

(5) **貸付金利子等の帰属の時期**

　貸付金，預金，貯金または有価証券から生ずる利子の額は，その利子の計算期間の経過に応じ当該事業年度に係る金額を当該事業年度の益金の額に算入する（法基通2－1－24）。

基本通達は以上のほかに,受取配当金,委託販売等の特殊販売その他について益金の額に算入する時期を詳細に示している。

2　企業会計における収益・費用の認識基準

1　発生主義の原則

　発生主義（accrual basis）は,信用取引が広く行われ,企業が常時相当額の棚卸資産の在庫をもち,固定設備資産を保有するようになって費用・収益を現金収支に基づいて認識する現金主義（cash basis）が合理的に妥当しえなくなった条件の下において,正確な損益計算を実施するために開発された費用や収益の時点認識の基準である。発生主義の下においても,期中における取引の記録は現金収支および債権・債務を手がかりとして行われなければならない。しかしながら期末決算時に,独自の視点に立って,すなわち固有の認識方法に基づいて,このようにしてなされた期中の会計記録から当期の収益および費用を構成するものを抽出し,また期中に会計記録の行われなかった収益および費用項目を新たに認識し,このようにして把握された収益と費用との関係から当期利益を算定する。つまり決算時に,実地棚卸を行い,その結果を棚卸表にまとめる。棚卸表に記載されている資産,負債,収益,費用等に関する情報は,期中および決算期末における企業の活動状況およびその結果の状態を表わしているので,これに従って上述のごとき固有の時点認識の方法に基づく収益および費用の把握とこれらを要素とする損益計算が可能となるのである。発生主義における固有の時点認識の方法とは,収益を企業の経営活動による経済価値の増加の事実に従って,また費用をそのために要した経済価値の減少の事実に従ってそれぞれ認識することである。このようにして期末の市場における価格の状況,過去の経験に基づく見積り,潜在的に生起している事象の推

定,サービスの提供または費消の事実,財貨の費消の事実等が積極的に考察の対象となる。

　発生主義においては,債権・債務の成立や現金収支を伴うと否とにかかわらず,収益あるいは費用を生ぜしめる経済価値の変動 (change in economic value) の事実に着目し,この事実に従って収益または費用を会計的に認識する。たとえば,企業の保有する固定設備資産についての減価償却費は,何ら現金支出を伴うものではないが,固定設備資産の使用,時の経過,陳腐化等によって生じた当該資産の経済価値の減少という経済的事実に従って,費用として把握される。また次期の分を含む地代,家賃の受取金額は,発生主義によれば,受取額のうち当期に役務を提供した分に相当するものだけが当期収益として処理され,これを超える分は次期の収益とするために,負債として繰り延べられる。これは収益の計上を土地,建物の賃貸の形での役務の提供による用役価値の費消という経済的事実に基づかしめたことによるものである。

　企業会計原則は発生主義について,次の規定を設けている。

　　「A　すべての費用及び収益は,その支出及び収入に基づいて計上し,その発生した期間に正しく割当てられるように処理しなければならない。……前払費用及び前受収益は,これを当期の損益計算から除去し,未払費用及び未収収益は,当期の損益計算に計上しなければならない。」

　ここで「支出及び収入に基づいて」というのは,たんに現金支出および収入に基づいて費用および収益を計上することを意味するのではなく,広義の収入,支出,すなわち現金および現金等価物 (将来の現金収入および支出すなわち債権および債務) をもこれに含めることを意味している。広義の収入,支出をもって費用,収益計上の基礎とする理由としては,次の2つが考えられる。第一は,これによって取引事実認識の客観性,すなわち,

計算の確実性を維持するためであり，第二は，収入を伴わない収益（未実現収益）や支出を伴わない費用（販売した財貨の再調達価額など）を当期の費用，収益に計上することをさけることにある。広義の収入，支出を指標として，費用，収益の会計記録を行っても，それがそのまま当期の費用，収益となるとは限らない。そこで，決算期末において，発生主義に従った修正手続きをこれに施すことにより，当期に所属する費用，収益を正しく把握せよ，というのが上の規定の趣旨と解される。

現在わが国の一般に認められた会計慣行において，発生主義の適用によって認識もしくは修正される主な費用，収益項目には次のものがある。

- 有形固定資産の減価償却
- 無形固定資産の償却
- 繰延資産の計上とその償却
- 費用の見越（未払費用の計上）
- 収益の見越（未収収益の計上）
- 費用の繰延（前払費用の繰延）
- 収益の繰延（前受収益の繰延）
- 負債性の引当金の計上（費用や損失の引当経理）
- 貸倒引当金の計上（貸倒償却に対する引当）
- 資産評価損の計上（低価基準による棚卸資産や流動資産たる有価証券の評価損――保有損失――の計上）
- 資産評価益の計上（棚卸資産や流動資産たる有価証券の評価益――保有利得――の計上。これは現行のわが国制度会計では外貨建取引の円換算差益や有価証券の評価益等についてのみ認められている）
- 債権または債券価額への加・減算（債権（券）をその金額より低い価額または高い価額で買い入れた場合に，差額に相当する金額を償還期にいたるまで，逐次貸借対照表価額に加算もしくはこれより減算すること――償却原価法）

2　実現主義の原則

　実現主義（realization principle）は収益および費用の認識の基準であるが，とりわけ前者の時点認識のための原則として重視されてきた。実現主義によれば，収益はこれが販売されたときにはじめて実現したものとして会計記録される。販売によって製品，商品，サービス等が買手の側に引き渡され，発送され，あるいは提供され，他方その対価として売掛金，受取手形等の売上債権が生ずるか，もしくは現金が収入される。売上収益は財貨や用役を取引の相手方に提供したという事実とその対価として貨幣性資産を受け入れたという事実とを要件として，実現したことが確認され，これらを手がかりとして収益の会計記録が行われる。収益の実現にさいしては，このように新たな経済価値の増加が売上債権の発生や現金の収入というキャッシュ・フローの流入の事実に裏づけられていることが特色をなし，債権・債務の発生や現金の収支という裏づけをもたず，たんに経済価値の増加または減少のみをもって時点認識を行おうとする発生主義と区別される。なお費用については，経済価値の減少とこれを裏づける債務の発生あるいは現金支出との２つの要件の成立をまって実現する。売上収益と対応関係にある売上原価を例にとれば，すでに現金支出または買掛金や支払手形のごとき買入債務の発生をみている商品の，販売による買手への引渡しという経済価値の減少によって費用が実現するのである。なおここで販売活動という１つの行為によって売上高という収益と売上原価という費用とが同時に認識される場合には，収益および費用はともに，実現という同一の時点認識基準によって把握されるものである。

　わが国における企業会計の慣行においては，財貨，用役の企業外部への販売をもって収益実現の基準としている。したがって，同一企業内における経営部門相互間の売買取引に伴って生じた収益や資産の再取得原価によ

る再評価の結果認められた評価益は,未実現であるために,収益計上を認められない。それゆえに,実現主義は資産評価をも規制する働きをもっており,損益計算上,収益の認識に適用される実現主義は,貸借対照表上の資産評価における取得原価主義と有機的に結合することとなる。

　販売をもって収益の実現とする場合,販売とはいかなる事実をさすのであろうか。法律上は販売行為の認識について所有権の移転その他各種の見解がみられるが,会計上は,通常,財貨の引渡し・発送または役務の提供の事実をもって,販売がなされたものとみなし,売上収益の計上を行う。これを販売基準（sales basis）という。企業会計上は,販売基準をもって収益実現の基本原則としている。企業の取引実践のほとんどの場合において,販売基準をもって収益実現の基準とすることができるが,積送品,試用販売その他特殊な販売契約においては,引渡基準が妥当しないことがある。

3　認識の重要性と認識原則の特質

　ここで認識のための諸原則の関連について述べることにしよう。企業の経済活動は多数の取引の集合であり,取引活動の測定は,会計行動の１つとして会計情報の作成上重要な役割を果たしている。取引の会計測定は,取引をいつ,いかなる手がかりによって会計記録するかという記録時点決定（timing）の行動（認識行動）,取引活動を会計的要素ないし事実に分析する行動（分類行動）,取引の量的ないし貨幣的大きさを決定する行動（測定行動）,これらの結果を受けて利益額や資本額を確定する行動（計算行動）等から成り立っている。これら一連の会計行動（会計的意思決定行動）の中において,認識行動は取引事実をいかなる時点において会計的にとらえるかという取引の期間帰属決定の職能を果たしている。取引の期間帰属は,とくに収益や費用について重要な意義をもっている。なぜならば,通

常の企業取引は，その開始から完了までに相当の期間を要するために，取引過程のいかなる段階において収益や費用を認識するかによって，期間損益計算に少なからぬ影響を及ぼすからである。とくに1つの取引が2つあるいはそれ以上の期間にまたがって行われる場合には，認識時点をいずれに求めるかにより，連続する2つ以上の期のどれかに損益が帰属することになって，それぞれの期の経営成績は大きく影響を受けることになる。

商品の販売取引を例にとって考察するならば，取引は買手を見出すことによって開始される。これが取引の萌芽段階である。続いて，取引数量，価格，輸送方法，代金支払方法等の取引条件についての交渉が行われ，商談がまとまると契約が締結され，商品の荷造り・発送が行われ，やがて商品は購入者のもとに到達する。代金の支払いも一部現金を内金として受け取り，残額を手形で受け入れたり，掛にしたりすることもある。手形の受入れや掛販売の場合には，現金にて代金が支払われるまで数か月を要することも少なくない。また商品保証やアフター・サービス契約が付されている場合には，保証期間が経過した後にはじめて取引の完了をみる。その間長いものは，1年以上に及ぶこともめずらしくない。このような長期間にわたる取引過程のいかなる段階において，収益や費用を認識するかという問題に対して，長い会計上の歴史的経験のうちに工夫され，開発されてきたのが，認識のための諸原則である。

認識原則には，既述のように現金主義，発生主義および実現主義の3つがあり，またこれにいくつかの変種が見出される。現金主義によれば，現金の収入または支出のあったときに，これを手がかりとして，取引の記録が行われる。この場合にも，とにかく現金収支をもって取引を認識するものと，収入のあった時にこれを収益として計上し，支出のあった時にこれを費用に計上するものとがある。さきほどの商品販売取引の例によるならば，現金主義では，売上代金を現金にて受け入れた時に売上収益が計上さ

れる。これは歴史的には商品の販売が現金と引換えに行われるのが普通であって信用経済のまだ確立されていない段階においては，収益認識の原則として合理性をもっていた。現金主義は販売や仕入れなど取引の相手方のある取引については妥当性をもつが，取引相手のない固定資産の減価，将来の費用や損失に対する引当て，手持商品の時価の変動のような内部取引については，まったく認識能力を欠いている。

　発生主義は現金主義の欠陥を補うものとして工夫されたものであり，現金主義に対立するものと考えられている。すでに述べたように発生主義は，現金収支等の有無に係りなく，経済価値変動の事実に着目し，これを手がかりとして取引の認識を行うものであるから，現金の収支や債権，債務に無関係な取引の認識にあたって，きわめて有効である。減価償却費の計上，保有資産の市場価格の変動の認識，棚卸資産の保管中に生じた棚卸減耗損の計上，費用や収益の見越計上あるいは繰延経理等々経営内部的取引に関して機能する範囲は広い。

　費用や収益の繰延べは，現金主義によって一度認識されたものについて，経済価値の増減を伴わない部分を発生主義によって修正することである。たとえば前払保険料の繰延額は，保険料支払額を現金支出によってまず費用に計上したが，未経過分については，保険給付をまだ享受しておらず，したがって用役価値が費消されていないところから，その部分を発生主義によって修正し，資産化したものである。

　発生主義は経済価値の増減変動の事実に即して，会計的認識を行うものであるから，経済価値の変動と現金収支や債権，債務などキャッシュ・フローの流入，流出を同時に生ぜしめる取引についても適用できるわけであるが，このような場合には実現主義が用いられるので，通常これを発生主義によってとらえることはしない。このように発生主義は，広義に解する場合，実現主義をも含むことになるが，一般には，現金主義や実現主義に

よって把握できないものを認識したり，現金主義による現金収支と経済価値増減とのずれを是正するための原則として機能するのが普通である。さきほどの販売取引の例について，商品の保管中に市価が上昇したという仮定を追加するならば，発生主義により，その時点において商品の価値増加分を増価（appreciation）として認識することが可能となる。また発生主義によれば，現金収支や債権，債務が生じなくても，経済価値の変動に基づいて取引の認識ができるため，認識の時点が相対的に早期化し，それだけ会計情報の価値が高まる長所が認められる。

　実現主義によれば，経済価値の増減変動と現金収支や債権，債務などキャッシュ・フローの流入・流出の2つの要件を満たした段階において取引認識が行われる。そのために取引認識に客観性と確実性とが要求される。企業の取引活動は先に述べたように，通常時間的に長期にわたると同時に，取引過程そのものも，山登りに似て，困難な部分もあれば，容易な部分もある。実現主義はその場合，取引過程の中で峠のごとく，もっとも困難な事象（crucial event）を乗り越え，しかも財務的にも安定した段階において取引の認識を行うものである。したがって先の販売取引の例においては，一般に取引がまとまって商品の引渡しが行われた段階において売上収益が認識されることになる。つまり販売努力という一番骨の折れる段階が販売契約の締結によって結実し，商品の引渡しによって売手側の義務も果たされて一段落するとともに，売上債権が成立して，対価が法的にも保証され，一応財務的な安定性が得られたからである。通常の販売形態においても，また特殊な販売形態においても，収益認識はすべてこのような考え方に基づいている。

　実現主義においてはこのように取引過程の中で認識条件が確定的，客観的となった時に会計的認識が行われるので，この原則は費用および収益の認識に用いられるが，とりわけ収益の認識に適用するならば，未実現利益

を排除し,処分可能な利益を算定するのに有力な手段となる。認識原則として実現主義をとる場合には,資産評価には取得原価基準を適用することになり,時価の用いられる余地は排除される。現金主義は,実現主義と無条件に一致するものではなく,経済価値の変動と現金収支とが同時に生ずる場合に,実現主義と同じ結果をもたらす。

3 税法上の認識基準の特質

　費用・収益の認識基準は2つの側面から構成されている。その一は,一定の取引活動が行われ,これに伴って経済価値の変動が生ずることである。その二は,取引活動と並行してキャッシュ・フローが流入または流出することである。さらに企業の取引活動には二通りのものがある。企業と取引先との間で行われる外部取引と企業内に生ずる内部取引である。前者は企業が仕入先から商品や原材料を仕入れたり,得意先に商品を販売したり,役務を提供したりするもので,そこにはつねに取引の相手方が存在する。後者は企業の所有する固定資産に生ずる減価の償却,災害等によって生ずる資産の損傷,資産の市価上昇による増価などである。このように内部取引にあっては,取引の相手先というものが存在しない。

　外部取引においては,経済価値の変動が生ずると同時に,取引相手先との間でキャッシュ・フローの流入または流出,すなわち現金の収入,売掛金,受取手形,未収金等の営業上の債権や現金支出,買掛金,支払手形,未払金等の営業債務が生じている。これに対して内部取引にあっては,経済価値の増減は生じても,相手先のないことから現金収支や営業上の債権・債務などキャッシュ・フローの流出入は生じない。

　企業会計においては保守主義によって収益は実現したもののみを計上し,費用は実現したものだけでなく発生したものをも積極的に計上する。これ

に対して税法上は課税の公平を重視するところから、費用については債務確定基準を適用して取引に伴う経済価値の変動に加えて債務の確定または現金支出をまって、これを損金に算入する。恣意性を伴うおそれのある発生費用の損金算入は原則として認めない方針をとっている。具体的には、引当金や費用の見越計上がそれにあたる。引当金の計上については別段の定めを設け、引当経理の対象になる費用で損金算入の認められるものは、これまでも6項目に限られていたが、現在ではこれが段階的にさらに縮小されつつある。なお費用や損失などの損金算入については、第Ⅵ章にて詳述しているので参照されたい。

　収益の益金算入については、権利確定基準が採用されているが、これは販売等外部取引が行われて経済価値の増加が生じていると同時に営業上の債権や現金の収入があり、キャッシュ・フローの流入によって裏づけられていることを要件としている。これは企業会計上の実現主義にほかならない。実現した収益はつねにキャッシュ・フローの流入を伴っているので、税金の支払いを含め処分可能性をもっており、キャッシュ・フローの流出を伴うと否とにかかわらず費用や損失をカバーする能力を秘めている。法人税法が収益の認識を一般に公正妥当と認められる会計処理の基準にゆだねておりながらも、項目別にその認識方法を通達において明示しているのは、企業の会計実践への適用にさいして、混乱の起こるのを回避することを意図したものと思われる。企業会計の基準がつねに会計実践に対し原理、原則をもって対応してゆこうとするのに反し、税法では原則を一応表明しながらもできる限り具体的詳細な規定を設け、さらに通達をもってこれを補おうとする。それは、前者は経理の自由を大前提とするのに対して、後者は課税の公平を維持するべく会計実践に規制的に対応するという体質の相違が根底にあるからである。

〔参考文献〕
・武田隆二著『法人税法精説』1982年,森山書店
・渡辺淑夫著『法人税法』1999年,中央経済社
・山本守之著『租税法』1992年,税務経理協会

XI 課税所得の計算構造

はじめに

　課税所得の計算は，確定決算基準に従い企業会計上の当期純利益の計算が株主総会において承認確定された結果を受けて，実施される。すなわち＜当期収益－当期費用＝当期純利益＞の形で算定された企業利益は，これに申告調整が施されることによって，＜各事業年度の益金－各事業年度の損金＝各事業年度の所得＞の計算に変換され，課税所得が算定される。ただし企業会計上の利益の計算の過程において法人税法の定める所定の会計処理を行うことが要求される。これを決算調整という。決算調整に係る事項は，法人が企業会計の場において会計処理しておかなければ，税法上課税所得の計算に関与させることができないという制約が課せられている。

　本章では，企業利益の計算を課税所得の計算に変換する仕組みとプロセス，すなわち課税所得の計算構造について述べることにする。そこでまず企業利益が課税所得に変容してゆく構造原理を明らかにする。そしてこの原理を実践に移すための手続きである税務調整，すなわち決算調整および申告調整について具体的に考察することにしたい。

1　企業利益の計算から課税所得の計算へ

　企業利益の計算は＜当期収益－当期費用＝当期純利益＞という図式に従って，企業会計固有の収益，費用および利益という測定を伴った操作的

概念を用いて展開される。この計算の根拠となる基本理念は，企業の当期における経営業績および期末の財政状態を測定・開示することによって，企業の収益力および生産能力を明らかにすることにある。企業会計が純粋にそのような社会的使命を達することだけのために行われるのであれば，それでよいのであるが，確定決算基準に従って課税所得の計算の基礎ないし前段階の計算過程としての役割を果たす上では，税法の要請に従って決算調整が行われなければならない。すなわち決算が確定される前の企業会計の場において，税法の規定する所定の会計処理を行っておく必要があるのである。

　税法上の課税所得の計算が，企業会計の結果を受けて行われることを基準性の原則（Maßgeblichkeitsgrundsatz）というのに対して，企業会計の場において税法の規定に従った会計処理を行うよう要請することを逆基準性の原則（Umgekehrte Maßgeblichkeitsgrundsatz）という。

　逆基準性の原則を受けて行われた企業利益の計算は株主総会において承認され確定する。これを確定決算という。そしてその結果に対して申告調整が施されることになる。この段階においては基準性の原則が作用するので，企業会計上の収益および費用について次のように申告調整が加えられる。

　まず第一のパターンとして，収益の主要なものは債権確定基準という税法上のスクリーンを通して益金に変換される。たとえば商品や製品の売上高やサービス業における役務提供に係る売上高はそのまま税法上の益金に算入される。しかしながら第二のパターンとして，租税政策や経済政策の一環としての税法の社会的使命を帯して，企業会計上の収益でありながら，別段の定めに従って益金に算入されない項目が存在する。たとえば受取配当等の益金不算入や評価益の益金不算入などである。第三のパターンとして，企業会計上収益に分類されないもの（非収益項目）で，税法上益金の

額に算入されるものがある。これも租税政策上の要請に基づくものである。たとえば相手より時価に比べてより低い価額で資産の譲渡を受けた場合の時価と譲受価額との差額で相手より贈与を受けたと認定される部分は益金に算入されることになる。

　このようにして収益から益金への変換には，収益にしてすなわち益金となるもの，収益にして益金に算入されないものおよび収益ではないが益金に算入されるものの3つのパターンが存在する。第二，第三のパターンは租税政策的理由や経済政策の一環としての措置に基礎をおいている。第二のパターンの項目は益金不算入のものであるから課税所得を減少せしめる働きをもっており，申告調整による減算の対象となる。これに対して第三のパターンに属するものは益金に算入され課税所得を増加させるところから，申告調整による加算の対象となる。

　次に費用についてみると，第一のパターンは費用にしてそのまま損金に算入されるものである。たとえば当該事業年度の収益に係る売上原価，完成工事原価その他これらに準ずる原価の額，当該事業年度の販売費，一般管理費その他の費用で債務の確定しているもの，償却費，当該事業年度の損失などである。第二のパターンは当期費用であるが法人税法上損金に算入されないものである。これにはたとえば過大役員報酬，役員賞与および過大役員退職給与，寄付金，交際費などがある。第三のパターンは，企業会計上費用の性格をもたない（非費用項目）が，税法上損金に算入されるものである。これには国庫補助金等で取得した固定資産等の圧縮額などがあげられる。第二，第三のパターンに属する項目は租税政策や経済政策・産業政策的配慮に基づくものである。

　このようにして益金の場合と同様に，損金についても費用からの変換には，費用等にして損金となるもの，費用にして損金に算入されないものおよび費用以外のもので損金に算入されるものの3つのパターンが存在する。

第二のパターンに属するものは損金不算入項目であるから，課税所得を増加せしめる働きをもち，申告調整による加算の対象となる。これに対して第三のパターンに係る項目は，損金に算入され，課税所得を減少せしめる効果をもたらすものであるから，申告調整による減算項目となる。

以上の関係を数式をもって表わすならば，次のとおりである。

　　収益－（売上原価等＋販売費・一般管理費等＋損失）±決算調整項目
　　＝当期純利益
　　当期純利益＋申告調整による加算項目＜益金算入，損金不算入＞
　　　－申告調整による減算項目＜益金不算入，損金算入＞
　　＝課税所得

2　決算調整項目

決算調整項目は決算が確定するまでの企業会計の場において法人税法等の規定する会計処理を行うことが要求され，そこで所定の会計処理を行っておかなければ，課税所得の計算に関与させることが認められない事項である。決算調整項目は，減価償却，引当金や準備金への繰入れ，圧縮記帳等内部取引に係るものから，使用人賞与，寄付金，割賦基準の適用等外部取引に関するものにいたるまで多岐の項目にわたっている。これらの項目は，損金経理を要件とする事項，損金経理または利益処分を要件とする事項，利益処分が禁止されている事項および一定の経理を要件として選択計算が認められる事項から成るとされる[1]。次にこれらに属するいくつかの項目について考察することにしよう。

1　減価償却資産の償却費

法人税法は第31条第1項において次のように規定している。

「内国法人の減価償却資産につきその償却費として第22条第3項の規定により各事業年度の所得の金額の計算上当該事業年度の損金の額に算入する金額は，その内国法人が当該事業年度においてその償却費として損金経理をした金額のうち，その内国法人が当該資産について選定した償却の方法に基づき政令で定めるところにより計算した金額に達するまでの金額とする。」

　減価償却費は発生費用であり，債務確定基準をクリアするものではないが，法人税法第22条第3項において，別段の定めとしてその損金計上が認められている。第31条第1項の規定はこれを受けたものである。この規定は次のことを含意している。その一は，減価償却資産につきその償却費として当該事業年度の所得の金額の計算にあたって損金の額に算入しうる金額は，その内国法人が当該事業年度において償却費として損金経理をした金額でなければならないことである。つまり確定決算において減価償却を行った償却費でなければ，課税所得の計算にさいして損金に算入することができないという趣旨が表明されている。

　その二は，このようにして計上された減価償却費のそのまま全額が損金算入されるものではなく，減価償却費のうち当該事業年度の損金の額に計上できるのは，内国法人が選定した償却の方法に基づいて政令の定めにより計算した金額に達するまでの金額であることである。つまり企業会計の段階で企業が独自の減価償却計画に従って計算し，当期費用に計上した金額のうち政令の定めにより計算した限度額のみが損金算入を認められる。このように減価償却資産の償却費は，確定決算において費用計上したことを条件に，限度額の範囲において当該年度の損金の額に算入されるのである。

2　国庫補助金等で取得した固定資産等の圧縮額の損金算入

法人税法第42条第1項によれば,「内国法人が, 各事業年度において固定資産の取得……に充てるための国……の補助金……の交付を受け, 当該事業年度においてその国庫補助金等をもってその交付の目的に適合した固定資産の取得……をした場合において, その固定資産につき, 当該事業年度において, その取得……に充てた国庫補助金等の額に相当する金額の範囲内でその帳簿価額を損金経理により減額し, 又はその圧縮限度額以下の金額を政令で定める方法により経理したときは, その減額し又は経理した金額に相当する金額は, 当該事業年度の所得の金額の計算上, 損金の額に算入する。」ことが認められている。なおここに「政令で定める方法」とは,「圧縮限度額以下の金額を損金経理により引当金勘定に繰り入れる方法（確定した決算において利益又は剰余金の処分により積立金として積み立てる方法を含む。）」（法令80条）をいう。

これらの規定によれば, 当該事業年度において国庫補助金等で取得した固定資産につき, 圧縮記帳や引当金勘定への繰入れによって損金経理した場合に限らず, 確定した決算において利益または剰余金の処分により積立金に計上した場合にも, 限度額以下の金額を当該事業年度の所得の金額の計算上損金に算入することが認められるのである。換言すれば, このような場合には, 企業会計の場における費用計上または利益または剰余金の処分による積立金への計上を条件として, 限度額の範囲内での損金算入が認められている。

3　使用人に対する賞与の取扱い

法人税法第35条第2項によれば,「内国法人が, 各事業年度においてその使用人としての職務を有する役員に対し, 当該職務に対する賞与を他の

使用人に対する賞与の支給時期に支給する場合において，当該職務に対する賞与の額につき当該事業年度において損金経理をしたときは，その……金額のうち当該職務に対する相当な賞与の額として政令で定める金額に達するまでの金額は，……当該事業年度の所得の金額の計算上，損金の額に算入」される。すなわち使用人兼務役員に対し，使用人としての職務に対する賞与を一般の使用人に対する賞与支払時期に支給する場合，その支給額を企業会計の段階，すなわち確定決算において費用処理しておくならば，政令で定める金額に達するまでの金額（限度額）は当該事業年度の所得の計算上，損金の額に算入される。ただし「各事業年度においてその使用人に対し賞与を支給する場合において，その賞与の額につきその確定した決算において利益又は剰余金の処分による経理（利益積立金額をその支給する賞与に充てる経理を含む。）をしたときは，その経理をした金額は，その内国法人の各事業年度の所得の金額の計算上，損金の額に算入しない。」（法法35条3項）ことになっている。

以上を要するに，使用人兼務役員を含め，使用人に対して，または使用人としての職務に対して賞与を支給したときには，政令の定めに従う限度額につき，費用として処理するならば，これを当該事業年度の所得の計算上，損金に算入する。しかしながらそのような処理によることなく，利益または剰余金の処分による経理等を行った場合には，損金算入が認められないことになっている。

4 長期割賦販売等に係る収益および費用の取扱い

法人税法第62条第1項によれば，「内国法人が，長期割賦販売等に該当する資産の販売若しくは譲渡，工事の請負又は役務の提供をした場合において，その資産の販売等に係る収益の額及び費用の額につき，その資産の販売等に係る目的物又は役務の引渡し又は提供の日を含む事業年度以後の

各事業年度の確定した決算において政令で定める延払基準の方法により経理したときは，その経理した収益の額及び費用の額は，当該各事業年度の所得の金額の計算上，益金の額及び損金の額に算入する。ただし，当該資産の販売等に係る収益の額及び費用の額につき，同日を含む事業年度後のいずれかの事業年度の確定した決算において当該延払基準の方法により経理しなかった場合は，その経理しなかった決算に係る事業年度後の事業年度については，この限りでない。」と規定されている。

この規定の趣旨は次のとおりである。すなわち長期割賦販売等に該当する資産の販売をした場合に，これに関する収益および費用について，販売の行われた事業年度以降の各期の確定した決算において延払基準で経理するならば，このような収益および費用は各事業年度の所得の計算において，益金および損金に算入される。しかしながら上記収益および費用を確定した決算において延払基準によって経理しなかった場合には，これらを益金および損金に算入することはできない。このようにして長期割賦販売等に係る収益および費用は確定した決算において政令で定める延払基準により継続的に会計処理することを条件として，その益金および損金への算入が認められているのである。

3 申告調整項目

申告調整事項は決算調整が行われていることを条件に確定した決算において算定された当期純利益を出発点として，確定申告書において前述の加算および減算の手続きを行う事項である。申告調整を行った結果として，当該事業年度の所得が算定される。申告調整事項は，任意的に申告調整が行われるものと必須的に行われなければならないものとがある[2]。それぞれの例について次に考察することにしよう。

1　受取配当等の益金不算入

法人税法第23条第1項においては次のように規定されている。

「内国法人が受ける次に掲げる金額のうち，特定株式等以外の株式等に係る配当等の額の100分の80に相当する金額及び特定株式等に係る配当等の額は，その内国法人の各事業年度の所得の金額の計算上，益金の額に算入しない。

一　利益の配当又は剰余金の分配の額

二　特定信託の収益の分配の額として政令で定めるところにより計算した金額

三　公社債投資信託以外の証券投資信託の収益の分配の額のうち，内国法人から受ける利益の配当又は剰余金の分配の額から成るものとして政令で定めるところにより計算した金額」

さらに同条第5項では次のように規定している。

「第1項の規定は，確定申告書に益金の額に算入されない配当等の額及びその計算に関する明細の記載がある場合に限り，適用する。この場合において，同項の規定により益金の額に算入されない金額は，当該金額として記載された金額を限度とする。」

第23条第1項および第5項の趣旨は次のとおりである。すなわち利益の配当や剰余金の分配額等の100分の80に相当する金額等は，各事業年度の所得の金額の計算上，益金に算入しない。ただしそれは確定申告書に益金の額に算入されない配当等の額およびその計算に関する明細の記載があることを要件として適用される。そしてこの場合，第1項の規定により益金の額に算入されない金額は，そこに記載された額を限度額とする。

ここに例をあげた項目は，企業が自らの決定に従って確定申告書に記載して減算することによりはじめて，その記載額を限度として適用が認めら

れるものである。しかも確定した決算における会計処理を必要とはしていない。このような項目は、経済政策の一環としての租税政策に沿う形で定められている。受取配当等の益金不算入の措置は、利益配当に対する課税の負担を軽くすることによって産業界への投資を刺激することが意図されていると考えられる。

2 合併差益金のうち被合併法人の利益積立金額から成る部分の益金不算入

法人税法第27条によれば、「内国法人が合併した場合において、その合併に係る合併法人につき合併差益金が生じたときは、その合併差益金のうちその合併に係る被合併法人の利益積立金額から成る部分の金額として政令で定めるところにより計算した金額は、その合併法人の各事業年度の所得の金額の計算上、益金の額に算入しない。」と規定されている。

この規定は、合併差益金のうち被合併法人の利益積立金から成る部分について益金不算入を強制するものである。合併差益金のうち被合併法人から受け継いだ利益積立金は合併法人の利益積立金の構成要素になっている。この受け継いだ利益積立金はすでに課税ずみのものであるから、益金の額には算入されないのである。このような益金不算入とする根拠の明白なものは、決算調整を要せず、申告調整にさいして減算項目として取り扱われる。

(注)
(1) 渡辺淑夫著『法人税法』平成11年度版、中央経済社、99-100ページ参照。
(2) 上掲書、101-102ページ参照。

XII 法人税額の計算

1 法人税額計算のメカニズム

　これまでに述べてきたように法人税法における課税所得の計算は，確定決算基準に従って，確定決算の結果である＜当期収益－当期費用＝当期純利益＞の算式は，これに税務調整を施すことによって，＜当事業年度の益金－当事業年度の損金＝当事業年度の所得＞に変換され，ここに課税所得が算定される。この課税所得に法人税率が適用されて法人税額が求められる。だがこの税額がそのまま確定申告による納付税額となるわけではない。なぜならば課税の公平性や租税政策的，経済政策的配慮から，いくつかの特別税額が計算されて，これらが当期の所得に対する算出法人税額に加えられて税額が算定され，さらにこれより特別控除，その他の控除額があればこれらを差し引いて法人税額が算定される。そして中間納付税額があればさらにこれを差し引いて，はじめて確定申告による納付税額が計算される。

　当期の所得金額に法人税率を乗じて算定した法人税額に加えられる税額は同族会社の課税留保金額に特別税率を適用した特別税額，使途秘匿金に特別税率を適用した特別税額および土地譲渡利益金額に特別税率を適用した特別税額である。これらの税額の合計より差し引かれるものには，所得税額の控除額，外国税額の控除額，仮装経理の過大申告の更正に伴う控除額等があり，さらに試験研究費等の特別税額控除その他の法人税額の特別控除がある。そこで以下これらの当期所得金額に対する法人税額にプラス

またはマイナスされる税額について述べることにしよう。

2 同族会社の留保金課税

　同族会社は3人以下の株主等少数の個人や法人によって発行済株式等の50％以上が所有され，したがってこれらの株主によって支配されている法人である。そこで利益について配当や賞与が支払われたときに，個人株主が累進税率を適用されて税負担が重くなるのを回避するために，利益を過大に社内留保しようとする傾向が認められる。これをそのまま認めるならば，個人企業や同族会社以外の企業との関係において，税負担の公平を欠くおそれがある。

　そこで内国法人である同族会社の各事業年度の留保金額が留保控除額を超える場合には，その同族会社に課する各事業年度の所得に対する法人税額は，法人税法第66条の第1項および第2項により計算した法人税額に，その超える部分の留保金額に一定の割合を乗じて計算した金額を加算した金額とされる。各事業年度の留保金額が留保控除額を超える金額は次のように区分され，それぞれについて特別税率が定められている。

　つまり同族会社が留保控除額を超えて所得の社内留保を行うときには，

留保金額が留保控除額を超える額	特別税率
ⅰ）　年3,000万円以下の場合	10％
ⅱ）　年3,000万円を超え，年1億円以下の場合	15％
ⅲ）　年1億円を超える場合	20％

（法法67条1項）

普通に計算された法人税に一定限度を超えて留保した所得に対して特別税率を適用して計算した税額を加算することになっている。これが同族会社の留保金課税とよばれるものである。

ここに同族会社の留保金額とは，次の①から⑤に掲げる所得等の金額のうち留保した金額から，当該事業年度の所得の金額につき法人税法第66条第1項または第2項の規定により計算した法人税の額ならびに当該法人税の額に係る道府県民税および市町村民税の額の合計額を控除した金額をさしている。
① 　当該事業年度の所得の金額
② 　受取配当等の益金不算入の規定により当該事業年度の所得額の計算上益金の額に算入されなかった金額（法法23条）
③ 　還付金等の益金不算入の規定により当該事業年度の所得の計算上益金に算入されなかった金額（法法26条）
④ 　繰越欠損金の損金算入の規定により当該事業年度の所得額の計算上損金の額に算入された金額（法法57条〜59条）
⑤ 　技術等海外取引に係る所得の特別控除額（措法58条），新鉱床探鉱費または海外新鉱床探鉱費の特別控除額（措法58条の3），収用換地等の場合の所得の特別控除（措法65条の2）等，租税特別措置法により留保金額に含まれることが定められている金額

　なお，前述の留保控除額とは，次に掲げる金額のうちもっとも多い金額をいう。
① 　当該事業年度の所得等の金額の35％に相当する金額
② 　年1,500万円 × $\dfrac{当該事業年度の月数}{12}$
③ 　当該事業年度終了の時における利益積立金額がその時における資本の金額または出資金額の25％に満たない場合のその満たない金額に相当する金額
　　期末資本金額×25％ − 期末利益積立金額（法法67条3項）

3 使途秘匿金の支出がある場合の課税の特例

　使途秘匿金の支出とは，法人が行った金銭の支出（贈与，供与その他これらに類する目的のためにする金銭以外の資産の引渡しを含む）のうち，しかるべき正当な理由がなく，その相手方の氏名または名称および住所または所在地ならびにその事由をその法人の帳簿書類に記載していないものをさしている（措法62条2項）。ただし，次の支出は使途秘匿金の支出から除外される。

① 資産の譲受けその他の取引の対価の支払いとして支出されたものであることが明らかなもの

② 法人がした金銭の支出のうち相手方の氏名等を帳簿書類に記載していないものがある場合においても，その記載していないことが相手方の氏名等を秘匿するためでないと税務署長が認めるもの

　公共法人を除き法人が1994年4月1日から2002年3月31日までの間に使途秘匿金を支出した場合には，通常の法人税に加えて，当該使途秘匿金支出額の40％相当額が追加課税される。当然のことながら使途秘匿金は当該事業年度の損金の額に算入されることはない。これを使途秘匿金の重課制度という。この重課制度は，法人が相手方の氏名を秘匿して金銭の支払いを行うことは不正な意図によるものであろうと判断し，このような支出に対しては重い税負担を課することによって，不公正な反社会的行為を抑制し，将来そのような支出がなされないよう，企業倫理の向上をはかることを目的とするものである。

　使途秘匿金の支出がある場合の課税の特例の規定を適用するにあたっては，金銭の支出が使途秘匿金の支出に当たるか否かの判断は，原則として支出の行われた事業年度の終了の日に相手方の氏名等が帳簿書類に記載し

てあるかどうかの現況によって行われるべきものである。だが確定申告書の申告期限までに支出相手先の氏名等が帳簿書類に記載されているならば，法定の記載日までに記載があったものとみなされる（措令38条2項）。

　使途秘匿金の支出に対する課税の特例の適用にさいして，法人が金銭の支出の相手方の氏名等をその帳簿書類に記載している場合でも，金銭支出が記載された者を通じてそれ以外の者になされたと認められる場合には，その相手方の氏名等が当該法人の帳簿に記載されていないものとして取り扱われる（措令38条3項）。

　さらに法人が金銭以外の資産を引き渡した場合における使途秘匿金の支出額は，その引渡しのときにおける価額によることになっている（措令38条4項）。

4　土地の譲渡等の特別税率

　法人がその所有する土地の譲渡等（譲渡，借地権の設定その他の行為）を行った場合には，当該法人に課する各事業年度の所得や清算所得に対する法人税額は，譲渡利益金額の合計にその所有期間の長短に応じて5％または10％の割合を乗じて算定した金額を加算した金額となる（措法62条の3，1項，同63条1項）。この措置は，法人の土地に対する投機行為を抑制して地価の安定をはかるとともに土地の供給を円滑にすることを目的としたものである。地価が低下傾向を示し，したがって土地取引が不活発な状況にあって，この措置は1998年1月1日から2000年12月31日までの期間適用されないこととなっていたが，現在の経済状況に照らして2003年12月31日まで延長されることとなった。

5 税額控除

1 所得税額の控除

　内国法人が所得税法第174条に規定する利子等，配当等，給付補てん金等の支払いを受ける場合には所得税法の規定により，所得税が源泉徴収される。このようにして課された所得税の額は，当該事業年度の所得に対する法人税の額から控除される（法法68条1項）。すなわち法人の受け取る，所得税法に規定されている利子等に対して課された所得税額は法人税から控除されることになっている。これは所得税と法人税とが同一の所得に二重に課されるのを排除するための措置である。なお所得税額が法人税額から控除された結果控除不足額が生ずる場合には，その不足額は法人に還付される（法法79条1項）。以上の措置を所得税額控除という。

　この措置は，確定申告書に控除を受けるべき金額およびその計算に関する明細の記載があるときにのみ適用される。この場合，控除されるべき金額は，当該金額として記載された金額を限度とする（法法68条3項）。所得税額の全部または一部につき確定申告書に記載がない場合であっても，それがやむをえない事情によるものと認められるときは，その記載がなかった金額についても控除を認めることになっている（法法68条4項）。法人税額から控除される所得税額は各事業年度の所得の計算上損金の額には算入されない（法法40条）。それは二重控除が行われないためである。

　法人税額から所得税額を控除する措置にあっては，内国法人である公益法人等または人格のない社団等が支払いを受ける利子および配当等で収益事業以外の事業またはこれに属する資産から生ずるものにつき源泉徴収された所得税額には，この税額控除は適用されない（法法68条2項）。

　所得税額の控除の規定により法人税額からの所得税額の控除の適用を受

けるとき,当該所得税額が公債または社債の利子,法人から受ける利益もしくは利息の配当または剰余金の分配,投資信託もしくは特定目的信託の収益金の分配など,これらに対して課された所得税については,その元本を所有していた期間に対応する所得税の金額のみが税額控除の対象となる（法令140条の2,1項）。これらが所得の期間按分に関する規定である。上にあげた事項はすべて元本を譲渡することが可能なものである。そこで元本を計算期間の末近くに獲得して利子や配当などを受け取り,これに対する所得税を徴収されても,所得税額控除の規定の適用を受け,その後に,元本を譲渡するならば租税回避が可能となりうる。かくてこのような租税回避行為を防止しようとするのが所得期間を按分する規定の意図するところである[1]。

2 外国税額の控除

内国法人の各事業年度の所得金額の中に国外に源泉をもつ所得,すなわち国外所得金額が含まれており,この所得に対してそれが発生した国で外国法人税額を課税されている場合には,控除限度額の範囲内において,当該外国法人税額（控除対象外国法人税額）を事業年度の所得に対する法人税の額から控除することができる（法法69条1項）。なお控除対象外国法人税額は,法人の所得金額の計算上,損金の額には算入されない（法法41条）。この場合控除限度額は,各事業年度の法人税の額に,当該事業年度の所得金額のうちに当該事業年度の国外所得金額の占める割合を乗じて計算する（法令142条1項）。控除限度額の計算式は次のとおりである。

$$控除限度額 = 当該事業年度の所得に対する法人税の額 \times \frac{当該事業年度の国外所得金額}{当該事業年度の所得の金額}$$

一般に,企業が特定の国に立地して事業を営み所得を得た場合には,当該所得に対してその国の法人税が課されることになっている。わが国の法

人税制においては，内国法人はその事業所得の源泉が国内にあるにせよ，海外にあるにせよ，その所得に対して法人税が課されることになっている。その結果内国法人が海外にも支店等の事業所をもち，また海外投資を行うときには，二重課税が行われることになる。このような不合理を克服するために設けられているのが外国税額控除の制度である。なお，控除限度額を設けているのは，このような控除制度を実施することによって，当該事業年度の所得に課される法人税額が不合理に少なくなることを防ぐために，日本の法人税率を適用して計算した控除限度額におさえようとするのである[2]。もしも外国の法人税率がわが国の法人税率よりも高い場合に，外国法人税額をそのまま当該事業年度の所得に対する法人税の額から控除するならば，日本の法人税を犠牲にしてその分を外国の法人税の原資にあてることになって，わが国の立場からは好ましくない結果となろう[3]。

　内国法人が各事業年度において納付する控除対象外国法人税の額が当該事業年度の控除限度額と地方税控除限度額との合計額を超える場合に，当該事業年度開始の日前3年以内に開始した各事業年度の控除限度額のうち当該事業年度に繰り越される部分の金額（繰越控除限度額）があるときは，その繰越控除限度額を限度として，その超える部分の金額を当該事業年度の所得に対する法人税の額から控除することになっている（法法69条2項）。

　内国法人が各事業年度において納付する控除対象外国法人税の額が当該事業年度の控除限度額に満たない場合に，その前3年以内の各事業年度において納付することとなった控除対象外国法人税額のうち当該事業年度に繰り越される部分の金額（繰越控除対象外国法人税額）があるときは，当該控除限度額から当該事業年度において納付する控除対象外国法人税の額を控除した残額を限度として，その繰越控除対象外国法人税額を当該事業年度の所得に対する法人税の額から控除する（法法69条3項）。

　内国法人が，発行済株式の25％以上を所有している等の条件を満たす外

国子会社から利益の配当または剰余金の分配を受けた場合，その外国子会社の所得に対して課される外国法人税額のうちその配当等の額に対応するものとして計算した金額は，その内国法人が納付する控除対象外国法人税額とみなして，外国税額控除の規定が適用される（法法69条4項）。

内国法人の外国子会社が，外国孫会社から利益の配当または剰余金の分配を受けたときは，その外国孫会社の所得に対して課される外国法人税額のうち，その配当等の額に対応する部分の金額は，その外国子会社の所得に課される外国法人税額とみなして外国税額控除の規定が適用される（法法69条6項）。

3　仮装経理に基づく過大申告の場合の法人税額の控除

内国法人の提出した確定申告書に記載された各事業年度の所得の金額が課税標準とされるべき所得金額すなわち税務上の適正な所得金額を超え，その超える金額のうちに事実を仮装して経理したいわゆる粉飾決算額が含まれている場合，税務署長が当該事業年度の所得に対する法人税に減額更正をしたときは，法人が当該確定申告に係る法人税額として納付された金額のうち仮装経理した金額に関するものは，更正の日の属する事業年度前1年間の各事業年度の法人税額相当額だけを還付し，残額は当該更正の日の属する事業年度開始の日から5年以内に開始する各事業年度の所得に対する法人税の額から順次控除することになっている（法法70条1項）。なおこの場合，その内国法人が当該事業年度後の各事業年度の確定した決算においてその事実に関する修正経理をして，当該決算に基づく確定申告書を提出するまでの間は，税務署長は減額更正をしないことができる（法法129条2項）。

仮装経理すなわち粉飾決算は，企業の経営者が経営戦略や経営戦術の誤り，経営の責任者としての注意義務を怠ったこと，不正な意図その他によ

り，企業の経営業績を悪化させたときに，その実態をありのままに開示せず，経理上利益操作を行うことにより，会計報告をゆがめた形で実施することである。粉飾決算には利益の過大表示と利益圧縮とがあるが，前者にあっては事実をゆがめて過大表示された利益が税金の支払い，株主への配当，役員賞与の支払い等により社外に流出してゆくことによって，企業の財務内容を悪化させ，企業を倒産にもってゆく大きな要因となりうる。企業の倒産とこれに続く整理・解散は，株主，債権者，取引先等のステイク・ホルダーに大きな損害を与え，これが大企業について生じたときには大きな社会問題となりかねない。

そこで法人が仮装経理により法人税の過大申告を行って法人税額を納付した場合，税務署長が減額更正したときは前述のような税務上の取扱いがなされる。国税通則法によれば，国税局長，税務署長等は還付金または国税に係る過誤納金は，遅滞なく金銭で還付しなければならないことになっている（通法56条1項）。前述のように過誤納金は企業財務を圧迫するものであり，また国税通則法の規定もあるので，これを還付することになるが，無条件でそれを実施することは，粉飾決算をむしろ推薦することにもなりかねない。そこで法人が修正の経理を行ってその決算に基づく確定申告書を提出するまでは税務署長は更正を行わないことができるとされているのである。以上のごとき措置により，粉飾決算を抑制し，万が一そのようなことが行われても，企業財務への圧迫が少しでも軽減されるよう配慮されており，減額更正も企業の自らの意思による修正申告なくしては実施しないこととされているものと考えられる。

6 特別税額控除制度

経済政策の一環として研究開発，設備投資，輸入等を促進することを目

的に特別措置として，法人税の特別税額控除の仕組みが設けられている。これには試験研究費の額が増加した場合等の法人税額の特別控除（措法42条の4），エネルギー需給構造改革推進設備等を取得した場合の特別控除（措法42条の5，2項），電子機器利用設備を取得した場合等の特別控除（措法42条の6，2，3項）等，種々のものがある。これらの特別控除の適用法人に共通して要求されているのは，青色申告書を提出する法人（青色申告法人）であることおよび確定申告書に所定の申告の記載をし，明細書が添付されていることである。そして特別控除される金額は当該申告に係る控除を受けるべき正当な金額に限られている。

（注）
(1)　山本守之著『租税法』1992年，税務経理協会，359－360ページ参照。
(2)　山本前掲書，361ページ参照。
(3)　武田隆二著『法人税法精説』1982年，森山書店，533ページ参照。

〔参考文献〕
・渡辺淑夫著『法人税法』1999年，中央経済社
・山本守之著『租税法要論』1995年，税務経理協会

XIII グローバリゼーションと国際税務戦略

1 国際税務戦略の重要性

　企業の国際化，とりわけ日本企業の海外進出や海外投資はすでにかなり前から行われてきた。これまでにおいて，海外摩擦や円高によって企業の海外進出等が活発に進められてきており，特に最近におけるその特徴の主なるものをあげるならば，次のとおりである。すなわち日本企業はアジア諸国，アメリカ，ヨーロッパ等広く海外諸国に進出しているが，近年極東，東南アジア地域に集中的に事業所を建設する傾向が著しい。それはこれらの地域の経済成長が顕著で，その今後のいっそうの発展が期待されるからである。これまでの海外進出企業は大企業を中心とするものであったが，大企業の海外進出にひきずられて，部品メーカーや下請産業等の中小企業が大量に海外に生産拠点を移している。このような動きは，輸出戦略産業とみなされてきた自動車メーカーや，電機メーカーなどに顕著にみうけられる。また高度の技術集約型産業については，欧米の先進国における現地生産が著しく増加していることも最近の特徴であるといえよう。このように日本企業の海外進出は，以前とは異なった形をとりながらその活発化の度合いを高めてきた。

　企業が種々の事情の下に海外進出や海外投資を思いたって，これを意思決定するにあたっては，各種の要素が考慮されなければならない。すなわち進出・投資先国における賃金水準，労働力の質，受入態勢，カントリー・リスク，租税制度・租税条約等がそれである。その中でも，進出・投資

先国の租税制度やその国と日本との間で取り結ばれている租税条約等は重要なウエイトを占めている。なぜならば，第一に租税制度等は企業の純利益の額を左右する大きな要因となっているからであり，第二に国や地域によって租税制度等が異なっているので，それぞれに立地している企業の負担する税額は著しく相違することになるからである。

このようにして，企業の海外進出・投資を意思決定するにあたって考慮すべき多くの要素の中で租税制度等は，企業の収益性との関連において直接的な係りをもっているところから，きわめて重要である。そこでこのような問題意識の下において，本章では，企業の海外進出や海外投資にさいして直面する租税制度上の問題点，換言すれば国際税務について考察する。まず最初に，企業利益に対して国際税務がどのように影響を及ぼすか，いいかえるならば，海外進出・投資企業と節税の問題について考察する。ついで，国際税務において重要な課題となっているタックス・ヘイヴン，移転価格税制，ユニタリー税制等の諸問題について述べることにしたい。本章はこれに続く数章に対する基礎的考察の役割を果たしている。

2　企業の海外進出・投資と節税

海外進出や海外投資を行おうとする企業にとって，進出先国や投資先国の租税制度等は，企業の収益性との関連において直接的な影響を及ぼすために，種々の要素と並んで，あるいは第一義的に，進出または投資するか否かの意思決定にさいして重要性をもっている。本節では，まずその間の事情について考察することにしよう。

法人税についてみると，これは，わが国では企業会計上は費用としては取り扱われていない。しかしながら，企業経営上は費用と考えるのが妥当である。損益計算上法人税と利益は次のように算定表示される。

XIII　グローバリゼーションと国際税務戦略　169

総　収　益	×××
総　費　用	×××
税引前当期純利益	××
法人税等	××
法人税等調整額	××
当期純利益	××

　総収益から総費用を差し引いた税引前当期純利益より法人税等を控除し，これに税効果会計に係る法人税等調整額を加減することによって，可処分利益の源泉であり，また当期の経営業績の総合的指標である当期純利益が算定表示される。この計算過程において法人税は，当期純利益額を左右する重要な計算要素となっている。

　いま次の仮設例において，法人税率が40％と20％の２つの場合について考えてみよう。

	（A）税率40％	（B）税率20％
総　収　益	1,000百万円	1,000百万円
総　費　用	910	910
税引前当期純利益	90百万円	90百万円
法 人 税 等	40	20
法人税等調整額	4	2
当期純利益	46百万円	68百万円

　総収益に対する当期純利益の割合は，（A）が4.6％，（B）が6.8％と2.2％の差が生じ，金額的にも22百万円相違する結果となっている。このように，法人税は費用性をもたないが，当期純利益の算定上は計算要素として重要性を発揮するのである。

　企業が，もっぱら国内において経営活動を行っている場合には，国内生産・国内消費または輸出，国内での税金の支払いが一般的図式であり，国

内での節税対策だけを考えればよい。しかしながら企業の海外進出や海外投資が盛んになり，海外での経営活動が行われるようになると，世界各国・地域における租税制度のちがいから，税率も相違し，投資優遇措置，租税条約などから，国内での納税にさいしての節税効果に倍するメリットを追求することが可能となる。そのために，海外投資や進出を行おうとする企業は，海外諸国や地域の租税制度，投資優遇措置，特定国との租税条約，資金の移動や利益回収ルートの選択等について十分な研究と配慮とを必要とする。

いまA国に投資して200億円の利子所得があった場合に，どのような経由地を経て日本に送金したら，税金がもっとも少なくてすむかを表わす例を次に示そう。

A国に投資して200億円の利子所得があった場合

（手取り額）	（経由地）
180.0億円	A国 ────────────────→ 日本
197.8億円	A国 ──→ H国 ──────────→ 日本
197.6億円	A国 ──→ H国 ──→ B国 ──→ 日本
197.4億円	A国 ──→ H国 ──→ C国 ──→ 日本／L国
197.2億円	A国 ──→ H国 ──→ A国 ──→ 日本
196.2億円	A国 ──→ H国 ──→ V国 ──→ 日本

この仮設データによれば，A国より直接日本に送金する場合，10％課税され，手取り額は180億円になってしまうが，H国の会社を経由すれば，税金は1.1％ですみ，手取り額は197.8億円となる。ここに17.8億円の節税効果があげられることになる。このような現象は，各国における法人税制のちがいや各国間で結ばれている租税条約によって生ずる。このようにして納税者たる企業にとって国際税務戦略は，多大のメリットをもたらす可能性を秘めているのである。

ここで，租税節約（節税行為）とこれに類似する租税回避および租税逋脱の概念について述べておくことにしよう。まず租税節約（tax saving）とは，租税規定を遵守しつつ合理的に課税所得を減少せしめ，法の定める枠内において租税負担の軽減をはかることである。税務上2つ以上の代替的方法が選択できる場合には，合理的な選択肢を選ぶことによって，税負担の極小化をはかるとか，種々の租税上の特恵や恩典措置を有効に利用するなどして節税がはかられる。これらのことは納税者に認められた当然の権利であるとみなされている。このように，節税行為は税金を企業経営上の費用の一種とみなして，法の定める範囲内において租税の極小化をはかることであるから，株主に対する企業の受託責任（accountability）の一環をなすものとみることができる。節税は私法上も税法上も適法である点で，次に述べる租税回避や逋脱とは区別される。

　租税回避（tax avoidance）とは，通常の法形式や取引形式を選択したならば所得を形成することになるはずのものを，意図的にこれと異なる法形式等を用いて所得の発生を回避することにより租税負担を排除したり，軽減する行為をいう。租税回避は，取引行為を不自然に迂回させたり（迂回行為），1つの取引を故意にいくつかの段階的行為に分解する（多段階行為）ことにより実施されるが，それ自体事実を欺くものではなく，真実に出ずるものであるから，有効な法律行為である。ただとられた法律形式が実際と適合せず，しかも租税の回避が意図されている。租税節約が誠実な納税者の行う合理的な納税実践として認められるのに対して，租税回避は法律の定めを濫用することにより，租税負担を不当に免れ，または軽減しようとするものであるから，課税の公平の見地から否認されるべき行為である。ただし，私法上の形式としては適法であり，有効である点で次の租税逋脱とは異なっている。

　租税逋脱（tax evasion）は，脱税ともよばれ，故意に事実を偽り，違法

な手段や方法を用いて租税負担を不当に軽減し、または免れることである。租税逋脱は、課税される所得を得た者が、適正に所得を決定する上で必要な事実を隠し、または虚構することにより課税を免れることであって、私法上も税法上も違法である。とくに課税要件事実を偽るところから、租税回避行為とははっきりと区別されている。

　国際租税戦略において、租税逋脱はまったく認められる余地はないが、次節以下に述べるタックス・ヘイヴンの利用や、国際的移転価格操作などの租税回避行為も、経済の正常な発展や課税の公平の立場からは問題があるとみられている。

3　タックス・ヘイヴンとその利用

1　タックス・ヘイヴンの意義

　タックス・ヘイヴン（tax haven）とは、本来租税避難港を意味するものである。一般にタックス・ヘイヴンとは、次の諸条件をそなえた国や地域を意味している。

① 法人の設立、運営、清算が容易なこと
② 租税および租税以外の負担が軽いこと
③ 為替管理がないこと
④ 企業秘密が確保できること
⑤ 政治や経済が安定していること
⑥ 情報収集が容易なこと
⑦ 金融、法律、会計などの専門サービスが確保できること

　　　　　　（協和銀行編『海外企業会計の実務』1982年、19ページより）

　タックス・ヘイヴンの国や地域においては、租税というものが存在しなかったり、所得課税が行われないか、行われても税率が著しく低いとか、

特定の事業所得等に軽課措置を認めている等という形で,企業の租税負担がきわめて軽いことを特徴としている。このようにして国や地域によって租税制度が異なり,または税率が相違しているという現実において,国際的領域で経営活動を行っている企業は,税負担を最小化するという国際租税戦略としてタックス・ヘイヴンを最大限に,かつ積極的に利用しようとするのである。タックス・ヘイヴンは税務面以外にも,為替管理の行われないところでは,有利な投資先に自由に投資するためとか,為替リスクのヘッジングのためなどに利用されることもある。

2 タックス・ヘイヴンの分類

　タックス・ヘイヴン国ないし地域とは,税が課されなかったり,税率がとくに低い等の土地を総称した概念であるので,国や地域によってその具体的状況はそれぞれかなり相違している。そこでタックス・ヘイヴンはこれをいくつかのタイプに分類することができる。第一の分類法は,無税国等,軽課税国等,国外源泉所得を免除にする国等および特定事業等に対して特別措置を講じている国等の4つに分けるものである。

　この分類方式によると,無税国とは,所得税,法人税等の所得課税がまったく行われない国や地域で,タックス・パラダイス（tax paradise）ともよばれる。このタイプの国等にあっては,会社の設立が容易に行われ,信託・保険・投資会社の設立や銀行預金の開設等の形で利用されることが多い。また他国と租税条約が結ばれていることがない。

　軽課税国にあっては,国内における税率が低く,配当の支払いに対して源泉課税が行われず,多くの国々と租税条約が結ばれているのが普通である。このタイプに属する国や地域では,投資会社や国際金融子会社の設立等の形での利用がはかられている。

　国外源泉所得免税国等においては,国内源泉所得にのみ課税され,国外

の源泉所得には全然課税されることがない。これらの国や地域はタックス・シェルター（tax shelter）ともよばれている。

特定の事業等に対して特別措置を講じている国や地域とは，特定の事業活動や会社に対して特別に有利な取扱いをしているところである。とりわけ持株会社に対して税制上恩典が与えられている。

わが国では，1978年の税制改正によって租税特別措置法にタックス・ヘイヴン税制が導入され，1992年には改正されることとなったが，税制上軽課税国等として33の国や地域が指定された。これらの国等は，①全所得軽課税国等，②国外源泉所得軽課税国等，および③特定事業所得軽課税国等の3つのタイプに分類されている。①は，企業所得に対して税を課さないか，または日本に比して税負担の著しく軽い国や地域である。②は，国内源泉所得に課税されないか，または日本に比して税負担が著しく軽い国や地域である。③は，特定の事業所得に対して税を課さないか，または日本に比して税負担が著しく軽い国や地域である。これら3つのタイプに所属せしめられた国および地域を次に列挙しよう。

全所得軽課税国等：

　　アンドラ，アンギラ，バハマ，バハレーン，バーミュダ，英領チャネル諸島，英領ヴァージン諸島，ケイマン諸島，ジブティ，香港，マン島，リヒテンシュタイン，マカオ，ナウル，ニュー・カレドニア，バヌアツ，タークスおよびカイコス諸島，モナコ，モルディブ

国外源泉所得軽課税国等：

　　コスタ・リカ，パナマ，セント・ヘレナ，ウルグァイ，ソロモン

特定事業所得軽課税国等：

　　アンティグア，バルバドス，グレナダ，ジブラルタル，ジャマイカ，リベリア，ルクセンブルク，モントセラト，オランダ領アンティール，セント・ヴィンセント，スイス，マルタ，サイプラス，クック諸島，

セイシェル，アルバ，ネイヴィース

　それでは，これらのうちいくつかの国または地域を例にあげて，そこではどのような形で税制上減免措置が講ぜられているか，その主な特色についてみてみることにしよう。

(1) **英領ヴァージン諸島**（British Virgin Islands）

　全世界の所得に課税されるが，非居住法人または域外で管理支配されている法人は，域内源泉所得に対してのみ課税される。課税標準の計算にあたっては，借入金の支払利子を課税標準から控除することが認められているが，配当については認められていない。損失の繰延べは7年間を限度として認められる。免除所得には，適格年金基金に係る所得が該当し，さらに政府借入金の利子について税を免除することができるようになっている。税率の点については，法人税に15％，源泉税として配当に15％，非居住法人に支払う社債利子，賃貸料等の支払額に12％が適用される。特別措置として，創始産業に生産開始後5年間にわたって所得課税が免除され，創始投資家に生産の開始から10年間の所得税免除が認められている。

(2) **香　港**（Hong Kong）

　国内源泉所得には利得税が課される。香港内の源泉から生ずる社債，預金，貸付金等に係る利子には利子税が課され，当期損失は翌年度以降に繰り越される。国外源泉所得，利得税が課される法人からの配当，特定の政府債の利子，資本資産の譲渡所得等は免税所得として取り扱われる。税率についてみると，法人には16.5％が適用される。外国投資家に適用される税優遇措置はない。

(3) **パナマ**（Panama）

　所得税は国内源泉所得に対してのみ課せられる。課税標準の計算にあたっては，次の活動より生ずる所得は国内源泉所得から除外される。①パナマ設立の事務所の商品売買について，当該商品がパナマ外だけを移動す

る場合，②パナマ設立の事務所から取引を指揮するが，その取引の効果が国外で成就するもの，③パナマ国外で生ずる所得からの配当分配額。パナマ登録のパナマ商船の国際海上貿易から生ずる所得，政府証券に係る利子等は免税所得として扱われる。税率についてみると，3万ドル以下は20％，3万ドルを超え10万ドル以下は6,000ドル＋3万ドルを超える部分の30％，というように累進税率が適用される。特別措置として，契約に基づいて製造業を営む者に対し免税措置が認められている。

(4) バルバドス（Barbados：英連邦独立国）

全世界所得に対して課税が行われる。課税標準の計算にあたっては，損失を翌期以降5年間繰り延べることが認められている。投資会社でない国際事業法人が，他の同じく投資会社でない国際事業法人に支払う配当には課税されない。法人税率は20％であるが，生命保険会社に対するそれは20％である。特別措置として，国際事業法人で投資会社でないものについては免税となり，投資会社に対しては税率2.5％が課せられる。またさらに輸出産業等に対しては免税となっている。

これまで，タックス・ヘイヴン税制にあっては，大蔵大臣（現，財務大臣）が，法人税負担がほぼ25％以下の国または地域を軽課税国に指定告示しており，1992年段階でその数が41か国に達していた。だが最近において諸外国の優遇税制の導入や改廃がめまぐるしく行われ，その状況を適時かつ適確に把握し，遅滞なく指定告示を行うことが困難となってきており，その結果指定漏れにより課税の不公平の生ずるおそれが増大している。さらに，指定告示されることが当該国等のイメージを悪化させるおそれがあり，またかかる指定制度をとっている例は，主要な諸外国にもみられない。そこで1992年の税制改正により，前述の軽課税国に指定するこれまでの制度を廃止した。これに代わって，海外子会社の所在地国が軽課税国に該当

するかどうかは、親会社が申告のさいに、合算課税の適用を受ける法人に該当するか否かを、各子会社ごとに判定する方式が採用されることとなった。軽課税国の判定基準は従来どおりに「法人税負担が25％以下」で変りはない。

3 タックス・ヘイヴンの利用方式

タックス・ヘイヴンを用いて税務戦略上の効果をあげるには、次の諸方式が通常用いられている。

(1) 持株会社（holding companies）を用いるもの

親会社と子会社または関連会社との関連において、親会社が子会社または関連会社から配当を受けるにあたって、前者が後者から直接にこれを受け取る代わりに、持株会社を設立し、この会社を介して受け取る方法である。すなわち、親会社の所在国Aおよび子会社または関連会社の所在国Bと、各個に有利な租税条約を結んでいるタックス・ヘイブンの国Cに持株会社を設立して、この会社に子会社または関連会社の配当を支払わせることにより、税負担額をできる限り小さく、税引後の利益をできるだけ大にしようとするのである。このような目的で持株会社を設立する国等には、スイス、ルクセンブルク、オランダ、バハマその他がある。

(2) 投資会社（investment companies）を用いるもの

公開会社として、または個人もしくは同族で所有されるものとして、投資会社を設立する方法である。どちらの形によるにせよ、証券取得を有利に行うことができ、後者の場合、相続税の回避のために利用することができる。このように用いられるタックス・ヘイブンには、ルクセンブルク、パナマ、ケイマン諸島などがある。

(3) 無体財産権保有会社を用いるもの

工業所有権、著作権等の無体財産権をタックス・ヘイブンの国に設立し

た子会社に譲渡することにより，使用料やロイヤリティーに課される税金負担を軽減し，親会社の純受取額を大ならしめようとする方法である。無体財産権は，商標権，特許権，ノウハウ，フランチャイズ等から芸術作品にいたるまで多様である。このように利用されるタックス・ヘイブンには，オランダ，キプロス，オランダ領アンティール等がある。

以上にあげた諸方法のほかに，金融会社，販売会社，オフショア・バンクおよび信託会社，不動産持株会社等を設立する方法，海運会社を設立し船籍登録を行う方法等種々の方法がある。

4 タックス・ヘイブン税制

以上に考察したところから知りうるように，タックス・ヘイブンは，多国籍企業がそこに所在する子会社や関連会社を通じて税の負担を最小ならしめようとするグローバルな税務戦略を展開する上で有効に利用されうるものである。タックス・ヘイブンを利用した税負担の軽減は合法的なものではあるが，先進諸国にとっては租税回避による租税の空洞化現象が生ずる原因となるところから，タックス・ヘイブン税制措置を設けている国が少なくない。日本においても当然のことながら，タックス・ヘイブンを利用した租税回避を排除して，税負担の公平をはかる趣旨の下に，1978年度の税制改正において，内国法人の特定外国子会社等に係る所得の課税の特例措置が講ぜられることとなった。

この措置は，内国法人がタックス・ヘイブンの国や地域に名目的な子会社や関連会社を設立し，これに利益を留保させているようなときには，一定の要件を定め，外国子会社や関連会社における未処分所得で当該内国法人に帰属する額を，その益金に合算して課税するというものである。この措置に従って外国子会社等の未処分所得の合算課税の適用を受けるときは，当該外国子会社等に外国法人税が課されている場合，内国法人に外国税額

控除を適用することが認められている。このような取扱いによって，国際的な二重課税をさけることが意図されているのである。この合算課税が行われた後5年以内に当該外国子会社等が利益配当などを行ったときには，すでに課税されている未処分所得のうち，配当等に対応する部分の金額は，これを損金算入して調整をはかることになっている。詳細については第XIV章を参照されたい。

4 ユニタリー税制（unitary tax）

　ユニタリー税制は合算課税ともよばれ，アメリカで実施されている州税制である。これは資本関係でつながりをもつ法人のグループが，営業活動を単一体，すなわち機能的に統合された全体たる一経済単位として行っている場合に，このグループ全体の所得を基礎として課税する方式である。すなわち一州内で行われる事業と州外の事業とが単一体のビジネス（unitary business）である場合に，企業に対する法人税を，その州の事業所で獲得された利益に対してではなく，単一体全体の全世界所得をいったん合算して，これをその州の事業所の規模に応じて按分して求めた所得に課する方法である。これを全世界ユニタリー方式という。

　一般に法人税は，企業が生産活動を行っている場所（国）で獲得された利益に応じて課税される。このような方式によると，あるところで大規模に営業活動を行っていても，この事業所において利益があがらない限り，法人税を支払う必要がない。またたとえ当該事業所において利益があがっていても，事業所は経理操作により，利益を隠蔽し，他の税金の安い土地で営業している事業所において利益が獲得されているようにみせかけて，その土地での税負担を免れることも可能である。そのためにその土地の公共的施設を利用して経営活動を行うにもかかわらず，それに見合うだけの

税金を企業から徴収することができない。このようなことを防ぐために，ユニタリー税制が，アメリカのカリフォルニア州，アラスカ州等の諸州で実施されるにいたった。

　カリフォルニア州の場合，ユニタリー・タックスの課税標準額は次のようにして算定される。すなわちカリフォルニア州内にある企業の稼得した所得金額を算定するにあたっては，当企業と関連を有する他の会社との全体を単一体と考えて，その企業グループ全体のグローバルな所得合計額を，資産，賃金額および売上高を基準として，カリフォルニア州にある当事業所に配分してその所得額を算定するのである。州内での活動がグループ全体の活動に占める割合を表わす配分算式（これを Massachusetts Formula という）を示せば次のとおりである。

　　ユニタリー・タックスの課税標準額

　　＝関係する会社全体（単一体）の全世界での所得合計

$$\times \frac{\dfrac{\text{カリフォルニア州所在企業の資産総額}}{\text{関係する会社全体が全世界で所有する資産合計}} + \dfrac{\text{カリフォルニア州所在企業の支払賃金額}}{\text{関係する会社全体が全世界で支払う賃金総額}} + \dfrac{\text{カリフォルニア州所在企業の売上高}}{\text{関係する会社全体の全世界での売上高}}}{3}$$

　全世界所得のうち事業所得については，州内での活動がグループ全体の活動に占める割合を表わす上記配分算式を乗じて州に帰属する額を求め，これと利子・配当などの非事業所得のうち州内において生じたものとの合計額が州の課税所得となるのである。

　カリフォルニア州にある支店や法人が，米国外にある子会社や親会社を含む関係会社とユニタリーの関係にあるかどうかの認定にさいしては，はっきりした基準は定められていないが，次のような種々の関係が重視される。すなわち，一方の法人の議決権つき株式の50％超を他方の法人が直接・間接に所有または支配していること，2つの法人の議決権つき株式の各50％超が，直接・間接に共通の所有者によって所有または支配されてい

ること，商品の購入・販売などの取引関係，人事関係などが考慮される。

ユニタリー税制は一見合理的なものにみえるが，カリフォルニア州についてみると，同州に進出している日本をはじめ各国の企業にとっては大変に税負担の重いものである。たとえば同州に進出して日の浅い企業にとっては，利益をあげるにはいたっていない場合でも，その企業が日本国内はもとより，全世界であげている利益が相当額にのぼるときには，カリフォルニア州で行っている営業活動の割合に応じて，その企業のすべての利益の一部がカリフォルニア州で課税対象となるからである。その結果，全世界ユニタリー方式によると，分離計算方式をとる他の国の政府の管轄に属する所得が，カリフォルニア州での課税標準に含められることになり，二重課税を免れない。またカリフォルニア州に提出する納税申告書が全世界ユニタリー方式で作成されるので，企業の負担する費用と時間が非常に多くかかることになる。そのためにこの税制は，同州へ進出している内外の多国籍企業や外国政府の間で，きわめて評判の悪いものであった。

かくてユニタリー税制に対する撤廃の動きが活発となり，カリフォルニア州では1986年の税法改正によって，1988年から全世界ユニタリー方式と並んで水際方式が選択できるようになった。水際方式を採用する法人は，カリフォルニア州内の資産，給与および売上高の合計額の0.3％に相当する選択料を毎年支払わなければならない。全世界ユニタリー方式を全廃すると，カリフォルニア州は税収が5～6億ドル減ると見込まれるために，従来の全世界ユニタリー方式を撤廃せず，新設の水際方式との選択方式とすることにより，税収減に歯止めをかけようとしたのである。

水際方式はユニタリー税制の一種であるが，米国内法人と米国内で活動する外国法人にユニタリーの範囲を限定する点で，全世界ユニタリー方式と相違している。この方式を選択する法人は，前述の率の選択料を納付し，また外国子会社からの配当は事業所得として扱われ，配賦計算の対象とな

る。

　カリフォルニア州がこのように税制改正を行った理由は，同州への投資の促進にある。すなわち同州はアメリカの中でも発展を続け，企業にとって魅力のある土地ではあるが，企業に不利な税制を強いると，投資も減少するし，経済活動も不活発化を余儀なくされる。これは負担の軽い税制を求めてやまない企業行動を政府としても無視できないという好例であるといえよう。

5　国際的移転価格操作と対策税制

　国際的移転価格操作（transfer pricing）とは，多国籍企業における関連企業間の取引価格を操作することにより，租税回避または逋脱を行うことである。移転価格操作は，多国籍企業における関連企業の中にタックス・ヘイヴン所在の子会社を介在させることにより，さらに効果の大なる租税回避または逋脱をはかることができる。つまりタックス・ヘイヴンの利用と国際的移転価格操作とは一体となって，その効果をあげることができるのである。国際的移転価格操作は，一般に次の３つのパターンに従って実施される。

　①　租税負担の重い国における関連会社の利益を最小にする。
　②　租税負担の軽い国等，すなわちタックス・ヘイヴン所在の関連会社の利益を最大にする。
　③　①および②により，関連企業全体としての税負担を最小にする。

　要するに，国際的移転価格操作のねらいは，税率に差のある国または税金のある国とない国との間における取引価格を調整することにより，多国籍企業全体としての税負担を最小にしようとすることにある。簡単な例を設けて，これを説明しよう。

いま日本の親会社が原価6,000万円の製品をA国の会社に1億円で販売するとしよう。ただし日本での利益に対する税率が50％であるとする。

　第一のケースでは，日本の親会社からA国の会社に直接販売するものとする。この場合には，日本の親会社の販売利益は4,000万円であり，これに対する税金は2,000万円となる。

　第二のケースでは，日本の親会社からいったんタックス・ヘイヴンのB国にある子会社に7,000万円で販売するものとする。B国の子会社は，7,000万円で仕入れた製品をA国の会社に1億円で販売した。B国では，このような取引に係る利益には課税されないものとする。

　この場合，親会社の販売利益は1,000万円であり，これに対する税負担額は500万円となる。子会社の販売利益は3,000万円であるが，負担する税額は0である。親会社および子会社の利益を合算すると4,000万円で，第一のケースの親会社の販売利益と同額である。しかしながら税負担額についてみると，第一のケースでの親会社のそれは2,000万円であるのに対して，第二のケースでは500万円ですむこととなった。

　第一のケースでは，日本の親会社からA国の会社に独立企業間価格1億円で販売されたが，第二のケースでは，税率の高い日本からタックス・ヘイヴン国Bの子会社に販売する価格を，独立企業間価格1億円に満たない7,000万円で販売するという国際的な移転価格操作が行われたわけである。これによって連結利益に対する税負担は，第一のケースの4分の1ですむこととなった。

　国際的移転価格操作は，たんに商品や製品等の取引価格の操作だけに限定されず，次のようなものをも含む形で，広義に解されるべきであるとされている。すなわち役務に関するもの，賃金の貸借に係る利子，技術援助に関するロイヤリティー，広告宣伝費，研究開発費その他である。

　わが国では，企業間のこのような国際的移転価格操作による税収の減少

を防止することを目的として，1986年の税制改正にさいして，国外関連者との取引に係る課税の特例措置が設けられた。この特例は，法人が国外の関連企業との間で，資産の販売または購入，役務の提供その他の取引を行った場合に，国外関連取引に該当するものについては，国外関連者から支払いを受ける対価の額が独立企業間価格に満たないとき，またはこれを超えるときは，当該法人の課税所得の金額を計算するにあたり，その国外関連取引は独立企業間価格で行われたものとみなされる。そしてさらに国外関連取引の対価の額と独立企業間価格との差額は，法人の各事業年度の所得金額の計算上，損金の額に算入しないことになっている。法人が清算中に国外関連取引を行った場合の清算所得の計算についても同様に取り扱われる。

ここに国外関連者というのは，外国法人で，当該法人との間に，いずれか一方の法人が他方の法人の発行済株式の総数または出資金額の50%以上を直接または間接に保有する関係その他をさしている。また国外関連取引とは，国外関連者との間に行われる資産の販売または購入等の取引のうちで，国外関連者にとり，わが国で課税されることになる国内源泉所得に該当しない取引をさしている。

独立企業間価格は，独立性をもった第三者間で取引を行う場合に成立すると考えられる取引価格をいう。独立企業間価格は，独立した第三者の間で，同様の条件の下で同種の棚卸資産を売買したときに成立すると考えられる取引価格で評価する独立価格比準法，買手が当該棚卸資産を独立の第三者に販売した対価の額（再販売価格）から，通常の利潤額を控除した額をもって評価する再販売価格基準法，売手側の棚卸資産取得原価に通常の利潤額を加算した額をもって評価する原価基準法，その他これらに準ずる方法を一定の条件の下で選択適用して，算定される。なおこの点の詳細については，第XIV章を参照されたい。

〔参考文献〕
- 協和銀行調査部編『海外企業会計の実務』1982年，日本経済新聞社
- ＮＨＫ特集＝緊急リポート『世界の中の日本・経済大国の試練』1986年，日本放送出版協会
- 中島省吾編『海外進出企業の財務と会計』1985年，東洋経済新報社
- 本庄　資著『アメリカ税制ハンドブック』1987年，東洋経済新報社
- 犬飼貴博著『タックス・ヘイヴン活用の実際』1988年，日本実業出版社
- 土方　晋著『国際税務ハンドブック』1988年，総合法令
- 羽床正秀編『移転価格税制』1988年，大蔵財務協会
- 五味雄治編『国際課税の実際』1985年，財経詳報社
- 宮坂善寛著『米国の州税制』1985年，日本貿易振興会
- 渡辺淑夫著『法人税法』2000年，中央経済社
- 『旬刊経理情報』No.650（1992.4）「平成4年度税制改正の留意点(2)」，中央経済社

XIV　国際的課税問題

はじめに

　企業活動の国際化が進むにつれて，税制上もさまざまな問題が生じ，これらについての対応策が立てられなければならない。本章においては，前章において述べた国際的税務についての基礎的，一般的な知識を前提として，わが国における国際的課税対策について考察する。すなわち移転価格税制とよばれる国外関連者との取引に係る課税の特例，過少資本税制と通常よばれる国外支配株主等に係る負債の利子の課税の特例およびタックス・ヘイブン税制といわれる特定外国子会社等の留保金額に係る課税の特例について述べることにする。これらの問題は企業が国際的取引関係や税負担の軽い国や地域の存在等を利用して税の節約や負担回避をはかろうとすることに係る対策であって，課税の公平を貫き，税の空洞化を解消する上で重要な意義をもっている。

1　移転価格税制

1　制度の趣旨

　この制度は，法人が国外の関連企業との間で資産の販売または購入，役務の提供その他の取引を行ったときに，当該取引（国外関連取引）について，法人が国外関連者から支払いを受ける対価の額が独立企業間価格に満たない場合，または法人が国外関連者に支払う対価の額が独立企業間価格

を超える場合には，当該取引が独立企業間価格で行われたものとみなして課税所得を計算するものである（措法66条の4，1項）。この制度は，法人と国外関連者との間で行われる移転価格操作によって，日本の徴税が不当にゆがめられ，税収がいたずらに減少することを防ぐことをねらいとしている。このような制度は，ひとりわが国のみならず先進諸国においても広く実施されている。

ここに国外関連者とは，法人との間に次の関係のある外国法人をさしている。

(1) いずれか一方の法人が他方の法人の発行済株式総数または出資金額の50％以上の株式数または出資金額を直接または間接に保有する関係
(2) 法人が同一の者によって，それぞれその発行済株式等の50％以上を直接または間接に保有される関係
(3) 次の事実等の存在により，いずれか一方の法人が他方の法人の事業の方針の全部または一部につき実質的に決定できる関係
　① 他方の法人の役員の50％以上または代表する権限を有する役員が，一方の法人の役員もしくは使用人を兼務している者または一方の法人の役員もしくは使用人であった者であること（人事関係）
　② 他方の法人がその事業活動に相当部分を一方の法人との取引に依存して行っていること（取引関係）
　③ 他方の法人がその事業活動に必要とされる資金の相当部分を一方の法人からの借入れにより，または一方の法人の保証を受けて調達していること（資金関係）

(措法66条の4，1項，措令39条の12，1項)

2　独立企業間価格

法人と国外関連者との間で行われる国外関連取引において問題になる

「独立企業間価格」(arm's length price) とは，独立企業相互間で行われる取引 (arm's length transaction) において成立する価格である。法人と国外関連者との間で行われる取引にあっては，適正な市場価格に比して高すぎたり，低すぎたりする価格で取引が行われ，それによって税の節約をはかろうとする傾向があるのに対して，独立企業間にあっては，両当事者間で相互に納得のゆく適正な価格が定められ，これが用いられる。これはすなわち市場において成立するもっとも妥当な価格である。租税特別措置法第66条の4は第2項において独立企業間価格の算定法を，次の諸取引のいずれに該当するかに応じて，具体的に示している。棚卸資産の販売または購入にあたっては，次の方法により算定する。

(1) 独立価格比準法

特殊の関係にない売手と買手とが，国外関連取引に係る棚卸資産と同種の棚卸資産を当該国外関連取引と取引段階，取引数量その他が同様の状況の下で売買した取引の対価の額による方法である。

(2) 再販売価格基準法

国外関連取引に係る棚卸資産の買手が特殊な関係にない者に対して当該棚卸資産を販売した対価の額から通常の利潤額を控除して計算する方法である。

(3) 原価基準法

国外関連取引に係る棚卸資産の売手の購入，製造その他の行為による取得原価額に通常の利潤額を加算して計算する方法である。

(4) 上記(1)から(3)までに掲げる計算法が適用できないときに，これらに準じて適用される方法

棚卸資産の販売または購入以外の取引については，次の方法による。

① 前述の(1)から(3)までの方法と同等の方法

② 前述の(4)の方法と同等の方法

この②の方法は①の方法を用いることができないときにのみ，適用することができる（措法66条の4，2項2号）。
　国外関連取引の対価の額と独立企業間価格との差額は，法人の各事業年度の所得の金額の計算上損金の額に算入しない（措法66条の4，4項）。国税庁の職員等が法人に独立企業間価格を算定するために必要な書類や帳簿等の提示や提出を求めた場合に，法人がこれらを遅滞なく提示または提出しなかったときは，税務署長は当該法人と同種の事業を営む法人で事業規模，事業の内容等が類似するものの売上総利益率等を基礎として，再販売価格基準法または原価基準法によって独立企業間価格を推定し，これに基づいて更正または決定を行うことができることになっている（措法66条の4，7項）。独立企業間価格立証の責任はこのようにして法人の側にあるといわなければならない。

2　過少資本税制

　内国法人が国外支配株主等，すなわち外国親会社に対して有利子負債を有しており，その平均負債残高が当該法人の純資産額に占める国外支配株主等の資本持分の3倍を超えるときは，法人が国外支配株主等に支払う負債利子額のうち，3倍を超える部分に対応する支払利子額は，法人の当該事業年度の所得の金額の計算上損金の額に算入しないことになっている（措法66条の5，1項）。
　法人がその経営目的のために資金を利用するさいには，その利用に係るコストを負担しなければならない。株主から調達した資本の利用に関しては配当金を支払わねばならず，また借入金等の負債については利子を支払う必要がある。ところで同じように資金の利用に係るコストであっても，法人税法上資本に対する配当金と負債に対する利子とでは，事業年度の所

得の計算上，取扱いが異なっている。負債に対する利子は一般に損金に算入されるが，配当金は利益処分の対象となって損金への算入が認められない。

ところで外国親会社，いわゆる外資系企業については，その内国法人に対する出資額の多くの部分を貸付金として処理し，資本への出資とはしない傾向がみうけられる。このようにして外国親会社の内国法人への資金の提供に係る内国法人のコストを負債利子として損金算入することにより，わが国に対する税金の支払いを軽減せしめようとする。課税の公平をはかり，徴税効果をあげる上でこれは大きな問題となる。それは外国親会社との関係において，租税の空洞化を意味するからである。このような事態を防止するために1992年4月1日以後実施されているのが国外支配株主等に係る負債の利子の課税の特例，通称過少資本税制とよばれる措置である。このような税制はアメリカ等先進諸国においても一般に採用されている。

なお，内国法人の当該事業年度の平均負債残高が純資産額の3倍以下の場合には，損金不算入の規定は適用されない。

この特例は国外支配株主等に対して負債の利子を支払う内国法人および日本において事業を営む外国法人に適用される。ここに国外支配株主等というのは，日本国内非居住者または外国法人で，内国法人等との間に次の関係を有するものをさす。

① 内国法人がその発行済株式等の50％以上を直接または間接に保有される関係
② 当該内国法人と外国法人が同一の者によってそれぞれの発行済株式の50％以上を直接または間接に保有される場合における当該内国法人と外国法人との関係
③ 当該内国法人と非居住者または外国法人との間に次の事実等が存在することにより，当該非居住者等が内国法人の事業の方針の全部または一

部を実質的に決定できる関係
- (イ) 内国法人の事業活動の相当部分が当該非居住者との取引に依存していること
- (ロ) 内国法人がその事業活動に必要な資金の相当部分を当該非居住者等からの借入れにより，または非居住者の保証を受けて調達していること
- (ハ) 内国法人の役員の2分の1以上または代表する権限を有する役員が，当該外国法人の役員もしくは使用人を兼務している者または当該外国法人の役員もしくは使用人であった者であること

(措令39条の13，18項)

　負債の利子の課税の特例において負債の利子には，通常の負債に関する支払利子のほかにこれに類似するものとして，手形の割引料，社債発行差金その他経済的性質が利子に準ずるものが含まれる（措令39条の13，1項）。

　租税特別措置法第66条の5第1項における平均負債残高とは，当該事業年度の負債の帳簿価額の平均的な残高として合理的な方法により計算した金額をいう（措令39条の13，3項）。過少資本税制は国外支配株主等に対する平均負債残高が国外支配株主等の資本持分の3倍を超える事業年度に適用されるのであるが，この場合資本持分は次のように計算される。すなわち内国法人の当該事業年度の自己資本額に，事業年度終了の日に国外支配株主等の有する直接および間接保有の株式等の内国法人の発行済株式等に占める割合を乗じて求めるのである（措令39条の13，9項）。

　この特例によって損金不算入とされる超過額に対応する負債の利子額は次のように計算される。

$$\text{当期の国外支配株主等に支払う負債の利子の額} \times \frac{\text{当期の国外支配株主等に対する負債の平均残高} - \text{当期の国外支配株主等の資本持分} \times 3}{\text{当期の国外支配株主等に対する負債の平均残高}}$$

$$= \text{損金不算入利子額}$$

(措令39条の13, 13項)

3 タックス・ヘイブン税制

　所得課税が行われないとか、行われても税率が著しく低いなど企業の税負担が軽い、いわゆるタックス・ヘイブンの国や地域に内国法人が名目的な子会社等を設立し、ここに利益を留保している場合、当該子会社等の未処分所得を内国法人の収益とみなしてその事業年度の所得に合算して課税するのがタックス・ヘイブン税制の趣旨である。近年先進諸国において、タックス・ヘイブンの国や地域を利用して、租税回避を行う企業が増えてきているために、租税の空洞化現象が生じている。これを防いで課税の公平と徴税効果を高めることがこの制度のねらいである。この税制をいま少し詳しくみてみることにしよう。

　内国法人でタックス・ヘイブンの国や地域に外国関係会社（特定外国子会社等という）を設けており、特定外国子会社等が1978年4月1日以後に開始する事業年度において生じた未処分所得の金額から留保したものに、これに係る税額および利益の配当または剰余金の分配額に関する調整を加えた金額（適用対象留保金額）を有する場合、これに対して内国法人が直接および間接に保有する株式等に対応する部分の金額（課税対象留保金額）は、その内国法人の収益の額とみなして、特定外国子会社等の事業年度終了の日の翌日から2月を経過する日を含むその内国法人の各事業年度の所得の金額の計算上、益金の額に算入する（措法66条の6、1項）。

　特定外国子会社等がタックス・ヘイブンの国や地域に立地していても、

独立した企業としての実態をもち，実質的に事業活動を行っている等一定の要件をそなえている場合には，上の措置は適用されない。すなわち内国法人に係る特定外国子会社等が，その本店または主たる事務所の所在するタックス・ヘイブンの国や地域において，主たる事業を行うに必要と認められる事務所，店舗，工場その他の固定施設を有し，その事業の管理，支配および運営を自ら行っており，その事業が卸売業，銀行業，信託業，証券業等に該当するときは，当該特定外国子会社等の該当する事業年度に係る適用対象留保金額については，合算課税の規定は適用されない（措法66条の6，3項）。

内国法人に係る特定外国子会社等の留保金額の益金算入の規定の適用を受けた内国法人に係る特定外国子会社等が，利益の配当または剰余金の分配等を行って保留所得を実際に支払った場合には，すでになされた合算課税につき，政令で定めるところにより計算した金額を限度として，当該内国法人のその事実が生じた日を含む事業年度の所得額の計算上，損金の額に算入する形で調整が行われる（措法66の8）。

XV 制度会計としての税法会計

制度会計の体系

　課税所得の計算は，会計学の視点からみると税法会計として展開され，制度会計を構成する。制度会計は会計基準や会計法規に準拠して行われる会計であり，商法会計，証取法会計および税法会計から構成されており，三者は相互に密接な関連を有するところから制度会計をトライアングル体制と俗称する。そこで本章では，税法会計の性格を正しく理解するために，これら3つの会計につき，それらを基礎づけている理念，適用対象企業，開示を必要とする理論的根拠等について述べることにしよう。なお税法会計の箇所では，これまでの各章において詳細に述べてきたことが重複して扱われることがあるが，それは他の2つの会計と比較して理解する上で必要と判断したことによる。

1　商法会計

　商法会計とは，商法を中心とする各種の法律や規則に従って実施される会計をさしている。すなわち商法会計は，商法における会計に関する規定，「株式会社の監査等に関する商法の特例に関する法律」(「商法特例法」と略称)における規定，有限会社法における会計関係規定，「株式会社の貸借対照表，損益計算書，営業報告書及び附属明細書に関する規則」(法務省令「計算書類規則」と略称)などの一連の法規に従って実施される。

　商法そのものにおいては，第1編総則の第5章に商業帳簿に関する規定

があり，この規定は，個人であると法人であるとを問わず，すべての商人の会計に適用される。さらに第2編会社の第4章第4節に株式会社の計算に関する規定が設けられている。株式会社の会計については，商業帳簿に関する規定と同時に，株式会社の計算に関する規定が適用されることになる。有限会社の会計については，有限会社法の第43条から第46条にかけての規定が適用され，さらに総則における商業帳簿に関する規定および有限会社法第46条を通じて株式会社の計算に関する規定が準用される。商法における会計関係の規定は数の上ではさほど多くはないが，その代わりに，第32条第2項の「商業帳簿の作成に関する規定の解釈については公正なる会計慣行を斟酌すべし」という規定を通じて，企業会計原則等一連の会計基準が商法における会計に関する規定の解釈や商法に明文規定のない問題の処理のために取り入れられることになる。

　計算書類規則は，株式会社が商法の規定等に従って会計処理を行った結果を貸借対照表，損益計算書，営業報告書および附属明細書にまとめあげる場合において，これらの書類を作成するための様式や作成方法を明らかにしたものである。

　商法会計においては，監査役による会計監査が行われる。監査に関しては，商法上株式会社の計算の箇所に規定が設けられており，これが株式会社一般に適用される。しかしながら資本の額が5億円以上または期末における負債の合計額が200億円以上の株式会社（大会社）および資本の額が1億円以下の株式会社（小会社）における監査に関しては，商法特例法の適用を受けることになっている。大会社は計算書類について監査役の監査のほかに会計監査人の監査を受けなければならない。これに対して資本の額が5億円未満で負債の合計金額が200億円未満の株式会社（中会社）においては，計算書類について監査役の監査だけを受ければよいことになっている。このようにしていわゆる大会社の監査については，社会的影響力が大

であるところから、監査役の監査に加えて、会計の職業的専門家としての公認会計士または監査法人の監査を受けることが義務づけられている。なお大会社の監査報告書の記載方法は「大会社の監査報告書に関する規則」に定められている。

商法会計は以上に述べたように商法をはじめとする各種の法律規則によって規制され、指導されている。それではこのようにして実施される商法会計は、どのような基本理念に基礎づけられているのであろうか、次にこの問題について考えてみることにしよう。

商法会計は債権者保護を意図するものであると、かねてから考えられてきた。だが戦後になって商法改正が企てられるたびに、株主の立場を顧慮した規定が加えられたり、また規定がそのように改正されたりして今日にいたっている。商法上株主は会社の所有主とされてはいるが、大会社においては、所有と経営の分離が進み、株主の多くはたんなる投資家または投機家として、社債権者などと同質化するにいたっている。このような現実に着目してか、株主を実質的には会社の外部者と同様にみて、現行商法においては株主保護を意図した規定が会社の計算規定の各所にみうけられるようになっている。

ところで株主の保護と債権者保護とがつねに両立し、相矛盾するようなことがなければ、そこになんら問題は生じない。だが現実には、債権者保護をはかろうとすると株主保護がおろそかになったり、株主の立場を重視すると債権者保護に抵触するような場合が少なくない。そこで商法では、株主保護と債権者保護との双方を意図するところから、これら２つの立場が相いれないような場合においては、両者の利害関係の調整をはかるよう配慮されている。商法第290条の配当可能利益の計算規定などはその典型的な例といえよう。このようにして商法会計においては、債権者および株主の保護を意図し、しかるがゆえに２つの立場が相矛盾する場合には、両

者の利害の調整がはかられている。このような配慮は，企業をめぐる有力な利害関係者である債権者および株主を保護することによって，窮極的には経済社会における秩序の維持をはかろうとする基本理念に立脚するものであるといえよう。

それに加えてすでに述べたように，その企業活動によって社会全般に大きな影響を及ぼす立場にある大会社については，その社会的責任の遂行の状況を企業内容の開示を通じてきびしく監視するために，とくに計算公開制度を強化し，また会計監査を通じてこれを保証しようとする思想が商法会計の全体に脈々と流れている。大会社の場合にはとくに，これをめぐる利害関係者も多様化しているのであるから，これら関係者を保護し，利害関係の調整をはかることによって，またさらに企業の活動状況を広く社会一般に開示して周知せしめ，これを通じて，企業行動をつねに正しい方向に誘導することによって，自由企業制度を維持し，発展させていこうとするところに，商法会計の基本理念が見出される。

ところで商法会計が実施される主体は何であろうか。端的にいって，それはすべての商人である。商人の行う会計につき，商法およびこれに関連する法律は，個人商人よりは合名会社や合資会社によりきびしい制約を課し，合名・合資会社よりも有限会社に対して，また有限会社よりは株式会社に対していっそう厳格な規定を設け，さらに同じく株式会社であっても中または小会社よりも大会社に対してきびしい制限と指導とを加えている。すなわち商人としての規模が大きくなって，その社会性が高まるにつれて，それだけ法的規制が厳格になっているのである。前述の商法特例法における会計監査等に関する規定が大会社と小会社についての特則を設けている点などはその典型的な例である。このように規制のきびしさに強弱はあるにせよ，商法会計がすべての商人を適用対象とするところに，制度会計における商法会計の一般性が認められるのである。

XV 制度会計としての税法会計　*199*

　次に商法会計において，企業内容の開示が行われなければならない論拠について考えてみることにしよう。商法会計，とくに大規模株式会社の会計は，株主および債権者に対する受託責任（accountability）の遂行，これに関連した計算書類の株主による承認および確定ならびにそれを受けての取締役の責任の解除という一連の過程をへて展開される。すなわち株主等と会社との間のエクィティー・アカウンタビリティーの関係を前提とし，会社の財産や損益の状況等を明らかにすることを目的として会計が行われ，その結果の開示が社会的にまた法規によって義務づけられているのである。この過程を商法の規定に沿って具体的にみてみることにしよう。

　中・小会社においては，取締役は計算書類を定時株主総会に提出し，貸借対照表，損益計算書および利益の処分または損失の処理に関する議案（「利益処分案」と略称）について承認を求めなければならない。これらの計算書類は定時株主総会における承認決議を得た後に確定される。営業報告書については，たんにその内容を報告すればよい（商法283条1項）。取締役は定時総会の承認を得た後，遅滞なく貸借対照表またはその要旨を公告しなければならない（同条3項）。これに対して大会社の場合には，会計監査人の監査報告書に貸借対照表および損益計算書について法令および定款の規定に従って会社の財産および損益の状況を正しく示している旨の記載があり，かつ各監査役の監査報告書に会計監査人の監査の結果を相当でないと認めた旨の記載がないときには，商法第283条第1項の規定に係らず，取締役は貸借対照表および損益計算書について定時総会の承認決議を求めなくてもよい。つまり大会社の計算書類は，取締役，監査役および会計監査人の責任において確定されることになる。しかしながら監査役または会計監査人が不適正または相当でないという意見を表明するとき，または各監査役の監査報告書に会計監査人の監査の結果を相当でないと認めた旨の記載があるときには，貸借対照表および損益計算書は，株主総会の承

認決議によってはじめて，確定される。貸借対照表および損益計算書につき，定時総会での承認決議を要しない場合でも，定時総会にこれらの書類を提出して，その内容について報告しなければならない。なお大会社の場合でも中・小会社の場合でも，利益処分案については，定時総会における承認決議が必要とされる（商法特例法16条1項）。

　最後に商法会計の会計理論的特徴について述べることにしよう。商法会計はかつて債権者保護を目的とする財産法的な会計思考に基礎づけられていた。だが前述のように戦後における数回にわたる改正をへて株主保護をも目的に加え，損益法的思考を加味するにいたっている。財産法的思考によれば，会社などの保有する財産の状態を明らかにすることが会計の主要な目的とされ，計算書類の中でも，これを表示する貸借対照表が重視される。この貸借対照表は財産の実地棚卸の結果作成される財産目録を主たる源泉として作成される。この考え方によれば，貸借対照表は債権者に対する債務返済能力を示す資産と返済すべき負債および会社の正味財産である資本との対照表であり，債権者に対して会社など商人の財産状態を表わすものと特徴づけられる。これに対して損益法の考え方は，会社の営業成績に対する株主の関心にこたえて商人の収益力の測定表示を主たる目的として，期間損益の算定を重視する。

　商法会計においては，債権者保護的見地に基づく財産法的要素をある程度残しながらも，損益法的思考に従った会計処理法に関する規定がかなり導入されている。前者に属する規定の例としては，利益準備金の積立てに関する規定（商法288条），資本準備金の積立てに関する規定（商法288条ノ2），法定準備金の使途を特定する規定（商法289条）などがあげられる。後者の例としては，創立費の繰延べ（商法286条）や開業準備費の繰延べ（商法286条ノ2）等繰延経理に関する規定，引当金の設定に関する規定（商法287条ノ2）などが指摘できよう。商法会計においては，また債権者

保護の要請と株主保護のそれとがつねに調和のとれるよう配慮されている。その例は，試験研究費や開発費等の繰延べ経理を行う場合に，支出の後5年内または3年内に毎決算期に均等額以上の償却を要求する規定（商法286条ノ3等），配当可能利益の算定に関する規定（商法290条）などである。これらの規定においては，株主保護の思想に基づく処理が債権者保護の見地に立って制限されているのをみることができる。

　商法およびこれに関連する法令の中には，会計に関する規定が網羅的に取り込まれているのではなく，商人が会計を行ってゆくにあたり，上の思想を実現する上でとくに必要かつ重要な規定が設けられているにすぎない。そしてこれらの規定以外の点については，前述のように公正な会計慣行を斟酌して会計処理を行わなければならないのである。つまり商法会計においては，公正なる会計慣行を尊重して会計を行い，商法会計の基本理念を実現する上でとくに重要な点については，商法などにおける規定に従うべきものとされている。

2　証取法会計

　証取法会計とは，証券取引法の定めるところに従い，この法の精神ないし目的を実現するための一環として展開される企業会計をいう。証取法会計は証券取引法を基礎とし，企業会計原則をはじめとする諸会計基準や内閣府令等に従って実施される。

　証券取引法は，国民経済の適切な運営および投資者の保護に役立つために，有価証券の発行および売買その他の取引の公正を期し，さらに有価証券の流通の円滑化を目的として制定されたものである（証取法1条）。この法律の下に行われる有価証券の募集または売出しに関する届出制度は整備された企業内容開示制度を擁している。この制度においては，有価証券の発行市場および流通市場において，投資者の有価証券への投資の意思決定

にさいして有用な諸情報の開示が行われ，投資者の保護がはかられている。すなわち有価証券届出書，有価証券報告書，半期報告書，臨時報告等が開示されて，投資者が会社の営業，経理その他の状況について知りうるようになっている。次に証取法に基づく企業内容開示制度をさらに詳細に検討することにしよう。

　この法律によれば，一定額以上の有価証券を募集する，または売り出す会社は，有価証券届出書を内閣総理大臣に提出する義務を負い，またこの届け出をした会社や証券取引所への上場会社等は，事業年度ごとに有価証券報告書を内閣総理大臣等に提出しなければならないことになっている。有価証券届出書および有価証券報告書は，内閣府令で定めるところにより，当該会社の目的，商号および資本または出資に関する事項，営業および経理の状況その他事業の内容に関する重要な事項，会社の役員等に関する事項，募集または売出しに関する事項ないし会社の発行する有価証券に関する事項，その他公益または投資者保護のため必要かつ適当なものとして内閣府令で定めるものを記載しなければならない。これらの事項を記載する財務計算に関する書類を財務書類とよび，そのうち貸借対照表，損益計算書，キャッシュ・フロー計算書，利益処分計算書などを財務諸表という。

　証券取引法の目的は前述のように，国民経済の適切な運営および投資者の保護に資するため，有価証券の発行および売買その他の取引を公正に行わせ，かつ有価証券の流通を円滑ならしめることにある。証取法会計の基本理念も当然ここに求められる。商法会計の基本理念に比較するならば，証取法会計のそれは投資者保護にある。また国民経済の適切な運営がこれと並んで意図されているが，それは証券資本制度の維持および健全なる発展を意味するものといえよう。同法第1条の主旨は，つまるところ，有価証券の発行および売買その他の取引を公正ならしめ，さらに有価証券の流通を円滑にすることによって，投資者の保護をはかり，それによってわが

国の経済制度の根幹をなす証券資本制度を健全に維持・発展させることにあり，証取法会計もまたこの目的を共有しているのである。

　証取法会計の適用対象となる企業すなわち実施主体は，証券取引所に株式が上場されている会社，5億円以上の株式や社債の募集または売出しを行おうとする会社，またはこれまで行った会社および店頭売買の登録銘柄株式の発行会社である。このように証取法会計は，商法会計に比して，その適用会社が著しく限定されているのを特徴とする。

　証取法会計において，有価証券届出書や有価証券報告書等の書類を提出する形で企業内容開示が義務づけられている会社は以上のごときものである。このように特定の会社に企業内容の開示を義務づけているのは，公益をまもり，投資者保護をはかるうえでそれが必要不可欠と考えられているからである。だがそれは商法会計における企業内容開示のように，エクィティー・アカウンタビリティー関係を基礎とするものではない。証取法会計における企業内容開示を必要とする基礎的な考え方は公益をまもり，投資者を保護することを意図すると同時に，一般大衆に有価証券の購入を通じて，当該有価証券発行会社に投資者として参加するようよびかけを行う趣旨が含意されている。このようにして証取法会計における企業内容開示を基礎づけている基本理念として，開示された企業に関する諸状況を用いて一般大衆が投資意思決定を行うことを通じて広く社会的に投資者の保護をはかるのは，それがとりもなおさず投資者としての参加をいざなう意思決定に資することを意味するものであるむねを繰り返して強調しておきたいと思う。

　有価証券報告書を提出しなければならない会社は，発行する有価証券の募集または売出しが外国において行われるとき，第三者割当の増資が行われるとき，親会社および子会社に異動があったとき，主要株主に異動があったとき，重要な災害が生じたときなどのように，投資者の投資意思決

定に著しい影響を及ぼすと考えられる事実が生じた場合には，臨時報告書を提出しなければならない。これも公益または投資者の保護を目的とする企業内容開示の一環として，速報性については問題はあるが，事実の正確で詳細な開示を行いうる点において有効なものといえよう。

証取法会計は投資者に対する企業の諸状況に関する情報を提供するものであり，これを基礎づけている会計理論は損益法である。投資家の主たる関心は企業の収益力にあるから，期間損益を正確かつ適正に測定し，これを損益計算書にまとめて開示することが主たる目的となる。このようにして証取法会計は戦後におけるその成立以来，現在にいたるまで，損益法的思考に基づいて形成され，運営されてきているのである。その点は証取法会計を基礎づけている企業会計原則をはじめとする一連の会計基準の性格からみて明らかである。

最近においては，これまで個別財務諸表を中心に行ってきた企業内容の開示を連結ベースでの開示に変えるという大変革が行われている。企業が集団活動を活発に行う現状においては，その経営状況を広く社会に開示する上で連結財務諸表を中心とする体制が必然性をもっている。またキャッシュ・フロー計算書が発生主義会計的貸借対照表や損益計算書を補って資金の流れや現状を表わすものとして重視されている。そしてこれらの大きな変革の流れが，国際的な会計基準との調和を志向して，実施されているのが特徴的である。

3 税法会計

税法会計は，税法の規定に従って課税所得の計算を行うための会計である。商法会計および証取法会計と並んで制度会計を構成するものとしての税法会計は，とりわけ，法人税法を中心とする関係諸法令に従って法人の所得を算定するための会計を意味している。ここでは税法会計を商法会計

や証取法会計と並ぶものと解して，法人の課税所得を計算するための会計として取り扱うことにする。

　以上のごとき意味での税法会計は，法人税法・同施行令・同施行規則，減価償却資産の耐用年数等に関する省令，租税特別措置法・同施行令・同施行規則等の諸法令に従って実施される。法人税法は，法人税について，納税義務者，課税所得等の範囲，税額の計算の方法，申告，納付および還付の手続きならびに納税義務の適正な履行を確保するために必要な事項を定めたもの（法法1条）であり，法人税制の基本法である。法人税法に従って法人への課税を行うにあたり具体的で細目にわたる事柄は，法律の委任により，内閣の行政命令（政令）である法人税法施行令および財務大臣の命令（財務省令）である同施行規則に定められている。租税特別措置法は，一定の経済政策の実施のための一環として，非課税，課税軽減等納税上の特別な措置について定めた特別法である。特別措置法はこのように租税制度を政策的な用具として用いることを意図したものであるから，課税の公平はここでは犠牲とされている。この法律の施行に関する細目にわたる具体的な事項は租税特別措置法施行令および同施行規則に定められている。

　法人税法については，国税庁長官が国税局長に統一的な解釈を示して命令示達した通達が多数ある。法人税基本通達，租税特別措置法関係通達法人税編等がそれである。通達は法規範ではないが，税務行政の運用上重要な役割を果たしている。

　税法会計を基礎づけている基本理念はどのように理解されうるであろうか。税法は本来国家財政における収入源の1つとしての税収の合理的な確保を目的としている。しかしたんに税収を確保するために，徴税効果を高めるというのではなく，課税の公平を原則とすることによって，納税者に不満を与えないよう配慮が加えられている。しかしながら税制はときに国

の経済政策の一翼をになって,課税の公平を犠牲にしても,特定の産業の保護育成等に資するという使命が課されることもあるし,またビルト・イン・ステイビライザーとして国民経済に組み込まれている（租税特別措置）。このように税法会計の基礎にある理念は,商法会計や証取法会計のそれとはかなり相違している。

税法会計の実施主体は,法人税の納税義務者である。法人には,内国法人,外国法人の区別があり,さらにそれぞれに公共法人,公益法人等,協同組合等,普通法人および人格のない社団があって,その実体は多様である。ただしすべての法人が法人税の納税義務を負うのではなく,収益事業を営みこれにより所得を得る法人が納税者となる。公共法人は法人税がまったく課税されず,非課税法人として取り扱われる。

商法会計や証取法会計においては,会計報告を株主,債権者,投資者等を対象として行うが,税法会計においては,納税申告書の提出対象が税務当局に限定されている。したがって企業内容の一般的開示は税法会計においては行われることはない。その点で税法会計は商法会計等と異なっており,納税申告書による会計報告は納税者たる法人の申告納税義務に伴う法的強制に起因している。

最後に税法会計の会計としての特質について述べることにしよう。税法会計は企業会計に並ぶものとして位置づけることができ,その場合商法会計および証取法会計は後者に属する。税法会計は企業会計とくに商法会計の結果を受けて実施される。つまり商法会計の結果作成された貸借対照表および損益計算書は定時株主総会または取締役会における承認決議をへて確定される。このように確定された決算書における当期利益が税法会計に受け継がれてゆき,これに申告調整を施すことによって課税所得が算定されるのである。これが確定決算基準である。税法会計はこのようにして企業会計と切り離されて,独立の会計として実施されるのではなく,商法会

計によって作成された計算書類に表示される企業利益を基礎として課税所得を算定する形で展開されることを特徴としている。会計帳簿にしても，税法会計上の帳簿が固有に存在するのではなく，企業会計上の帳簿が，記載等の要件を満たしていれば，そのまま税法会計上も認められることになる。以上のごとく，税法会計とはいうものの，税法上の課税所得を計算するための独自の会計というものは存在しないのである。

　税法会計においては，とくに税法固有の必要性による要請のない事項については，一般に公正妥当と認められる会計処理の基準に従うものとされる（法法22条4項）。税法自体の固有の必要性のある事項についてのみ税法上規定が設けられており，これを「別段の定め」という。このようにして税法会計は，結局，法人税法第22条第4項の規定すなわち一般に公正妥当と認められる会計処理の基準および別段の定めである税法上の規定に従って実施されることになる。

　税法会計は以上のごとく，独自の帳簿書類や計算原理を有するものではなく，企業会計の原理に従って算定された当期利益を税法の立場に従って修正する税務計算として展開される。企業会計と税法会計とはこのようにこれを算定する会計の原理は共通しているが，前者が企業の経営成績や財政状態ないし配当可能利益の算定・把握を目的とするのに対して，後者においては，担税力を基礎とし，課税の公平を原則として徴税することを目的とし，両者のねらいとするところは異なっている。これら両者の差異を調整するところに税務調整の任務が認められる。税務調整には，企業会計上の確定決算の段階において所定の会計処理を要求する決算調整と確定申告書上調整を行う申告調整とがある。決算調整事項は，法人が確定決算において会計処理した場合に，課税所得の計算に影響させうる事項であり，申告調整事項は確定決算による企業利益に基づき，確定申告書上加算または減算調整が行われる事項である。税務調整は企業会計上の費用や損失が

そのまま税務上の損金に一致するとは限らない事項や収益がそのまま益金になるとは限らない事項を調整したり、損金算入の恣意性を排除するための算入限度額を定めること等を内容とする。このようにして税務調整はまさに前述の税法会計のもつ基本理念に沿った処理手続きにほかならないのである。

　税法会計がこのように企業会計の結果を受け、これに税務調整を施すことによって課税所得を計算する税務計算にほかならないこと、また会計原理的には、税法会計独自のものがあるわけではなく、一般に公正妥当と認められる会計処理の基準に従い、これに別段の定めに従った処理を加えるにすぎず、結局、基本的には企業会計に依存して課税所得金額の計算を行うものである点を重視して、商法会計や証取法会計と同列の会計とは認めないとする考え方が存在する。このような考え方にも一理あることはいうまでもない。しかしながら税法会計と商法会計や証取法会計との異質性および税法会計のこれらへの依存性を正しく認識しながらも、税法会計が確定決算基準を前提として他の2つの会計と、密接に結びついて不離の関係にあることおよび税法会計も法規や会計基準に従って実施される会計であることから、これを制度会計の1つに数えることが妥当であると考えられる。かくて商法会計、証取法会計および税法会計は、それぞれが関連する固有の法規に従って実施され、基本理念を異にしながらも、制度会計という枠組みにはめこまれ、相互に密接な関連の下に営まれて会計制度の合目的的遂行のために機能していることを重視しなければならない。

XVI 税効果会計

1 税効果会計の意義

　1998年10月30日付で，企業会計審議会は「税効果会計に係る会計基準の設定に関する意見書」（以下，「意見書」という）を発表した。これによって証取法会計の下で作成される財務諸表については，連結，個別を問わず，また年度決算書であれ，中間決算書であれ，税効果会計が実践されることとなった。さらにこれを受けて，日本公認会計士協会は会計制度委員会報告第10号として「個別財務諸表における税効果会計に関する実務指針」を1998年12月22日付で公表した。本章では，「意見書」およびこの実務指針に基づいてわが国における税効果会計の特質について述べることにしたい。

　「意見書」は税効果会計を次のように定義している。

　「税効果会計は，企業会計上の収益又は費用と課税所得計算上の益金又は損金の認識時点の相違等により，企業会計上の資産又は負債の額と課税所得計算上の資産又は負債の額に相違がある場合において，法人税その他利益に関連する金額を課税標準とする税金（以下「法人税等」という。）の額を適切に期間配分することにより，法人税等を控除する前の当期純利益と法人税等を合理的に対応させることを目的とする手続である。」

　税効果会計を実施しない場合，個別ベースの損益計算書の末尾における税引前当期純利益から当期純利益にいたる計算表示の過程は次のようになる。

......

税引前当期純利益	×××
法人税,住民税及び事業税	×××
当期純利益	×××

......

　この計算表示の過程においては, 税引前当期純利益から法人税等の利益に関連する金額を課税標準とする税金を控除して当期純利益が算定表示されているので, 税引前当期純利益と法人税等との間には一見対応関係が存在するかのように思われる。税引前当期純利益から控除される費用としての法人税等は, 実は税引前当期純利益に一定の税率を乗じて計算したものではなく, 税引前当期純利益に税務調整を施して算定された当該事業年度の所得の額に税率を適用して算定されたものである。したがって, 税引前当期純利益と法人税等との間には期間的対応関係は存在しないのである。もちろん希有な場合ではあるが, 税引前当期純利益と当該事業年度の所得の金額とが偶然一致したときには, 税引前当期純利益と法人税等が対応することが考えられよう。

　このようにして税効果会計を実施しない場合には, 税引前当期純利益と法人税等との間に期間的対応関係が存在しないところから, 両者の差額である当期純利益は企業の経営成績の全容を適切に表示する情報としての性格をもたず, また処分可能利益の原資を表わすものでもない。すなわち損益計算書上の当期純利益が総合的な企業業績の実態を表わすという機能が発揮されえないし, またこれとの係りにおいて貸借対照表において将来の法人税等の支払額に対する影響が表示されないことになるので企業の財政状態が適切に示されないという問題が生ずることになる。

　このような問題を克服するための策が税効果会計に内蔵されているのである。すなわち企業会計上の収益または費用と課税所得計算上の益金また

は損金の認識時点が異なるために，企業会計上の資産または負債の額と課税所得計算上の資産または負債の額とが相違する場合には，法人税等の額を適切に期間配分する手続きを講ずることによって，税引前当期純利益と法人税等との合理的対応をはかり，上述のような損益計算書および貸借対照表に求められている機能を回復させようとする。すなわち税効果会計を適用することにより，繰延税金資産および繰延税金負債が貸借対照表に計上されると同時に，当期の法人税等として納付すべき額および税効果会計の適用による法人税等の調整額が損益計算書に計上されることになる。

税効果会計を適用した場合の損益計算書における当期純利益の計算表示は次のようになる。

```
……
  税引前当期純利益              ×××
  法人税，住民税及び事業税   ×××
  法人税等調整額              ×××   ×××
  当期純利益                          ×××
……
```

2　税効果会計の原理と構造

1　一時差異の概念と認識

税効果会計においては一時差異の概念が基本的に重要性をもっている。そこにおいては一時差異に係る税金の額を適切な会計期間に配分することが主要な手続きとなっているからである。ここに一時差異とは，企業会計上の貸借対照表および連結貸借対照表に計上されている資産および負債の金額と課税所得計算上の資産および負債の金額との差額をさしている。一時差異には，財務諸表一般にみられるものと連結財務諸表に固有のものと

がある。

　前者に属するものは次のとおりである。

① 収益または費用の帰属年度が相違する場合に生ずる一時差異
② 資産の評価替えにより生じた評価差額が直接資本の部に計上され，かつ課税所得の計算に含まれていない場合に生ずる一時差異

連結財務諸表に固有な一時差異には次のものがある。

③ 資本連結にさいし，子会社の資産および負債の時価評価により評価差額が生じた場合の一時差異
④ 連結会社相互間の取引から生ずる未実現損益を消去した場合の一時差異
⑤ 連結会社相互間の債権と債務の相殺消去により貸倒引当金を減額修正した場合の一時差異

　企業会計上，貸借対照表に計上されている資産および負債の額と課税所得計算上の資産および負債の金額との差異が一時差異であるが，両資産および負債の関係は次のとおりである。すなわち課税所得計算上の資産および負債の金額は，企業会計における貸借対照表上の資産および負債の額に税務調整を施した，すなわち税務上の加算額または減算額を調整した結果としての資産および負債の金額である。したがって，企業会計における貸借対照表上の資産および負債の額に対してなされた税務調整が一時差異を生ずる原因となっている。たとえば，貸借対照表上，棚卸資産について企業会計において計上した評価損で事業年度の所得の計算上損金算入が認められない額，すなわち税務上の加算額がある場合，これを加算した後の棚卸資産額が課税所得計算において資産の金額となる。

　一時差異には，それが解消するときにその期の課税所得を減額する働きをもつ将来減算一時差異と当該一時差異が解消するときにその期の課税所得を増額する働きをもつ将来加算一時差異とがある。将来減算一時差異は，

貸倒引当金や退職給付引当金等引当金の損金算入限度超過額，減価償却費の損金算入限度超過額，損金に算入されない棚卸資産等の評価損などが生じた場合，連結会社相互間の取引から生ずる未実現利益を消去した場合などに発生する。棚卸資産の評価損を例にあげていま少し詳細に検討することにしよう。

棚卸資産の評価損は，企業会計上は評価減を認識した期に費用に計上される。これに対して法人税法上は当該棚卸資産を処分した期に損金に算入される。このように棚卸資産の評価額の計上の時期は，企業会計と税法とで相違している。そこで棚卸資産につき売却処分する前に会計上評価損を認識し，費用に計上した場合には，会計上の棚卸資産の価額は税法上の資産額よりも低くなり，ここに差額が生ずる。このような差額の生ずる原因は会計上の費用計上時期と税務上の損金算入の時期とが異なるためである。この場合における会計上の評価損計上後の資産額と税法上の資産額との差額が一時差異にほかならない。この差異は将来課税所得の計算にあたって減算効果があるので将来減算一時差異とよばれるのである。

将来加算一時差異は，利益処分により租税特別措置法上の各種の準備金を計上した場合や連結会社相互間の債権と債務の消去により貸倒引当金を減額した場合などに生ずる。たとえば，減価償却資産につき利益処分方式によって圧縮記帳を行った場合について考えてみよう。この場合，企業会計上当該固定資産の帳簿価額は取得原価をもって算定され，以後の減価償却はこれに基づいて実施される。これに対して法人税法上の帳簿価額は固定資産の取得原価から圧縮積立金額を控除した額となる。このように固定資産の圧縮記帳を介して，企業会計上の帳簿価額と法人税法上の帳簿価額との間には差額が生ずることになる。

その後減価償却を進めるにあたって，企業会計上の減価償却費は税法上の減価償却費の損金算入額を超過するために，この償却費超過額相当額だ

け圧縮積立金が取り崩され，課税所得計算上これが加算されることになるので，前記の企業会計上の簿価と税法上の簿価との差額は将来加算一時差異となる。

　将来の課税所得と相殺可能な繰越欠損金等は一時差異ではないが，一時差異に準じて取り扱われる。繰越欠損金等には，繰越外国税額控除が含まれる。「意見書」では一時差異および一時差異と同一の税効果を有する繰越欠損金等を総称して「一時差異等」という。税務上の繰越欠損金は，その発生年度の翌期以降，繰越期限切れとなるまでの期間に課税所得が生じたときには，課税所得を減額することが認められている。そのために課税所得が生じた年度の法人税等として納付すべき額は，税務上の繰越欠損金が存在しない場合よりも軽減される。このような理由により繰越欠損金は一時差異と同様の取扱いを受けることになる。繰越外国税額控除については，翌期以降の繰越可能な期間に発生する外国税額控除余裕額を限度として税額を控除することが認められるので，繰越外国税額控除も一時差異に準ずるものとして取り扱われるのである。

2　繰延税金資産および繰延税金負債等の会計処理

　税効果会計を実施することにより，貸借対照表においては，将来減算一時差異および税務上の繰越欠損金等に対して繰延税金資産が計上され，他方将来加算一時差異に対しては繰延税金負債が計上される。さらに損益計算書においては，繰延税金資産と繰延税金負債との差額を期首と期末で比較した増減額が当期に納付すべき法人税等の調整額として掲記される。しかしながら資産または負債の評価替えによって生じた評価差額が直接資本の部に計上される場合には，その評価差額に関する繰延税金資産または繰延税金負債を当該評価差額から控除して計上しなければならない。繰延税金資産または繰延税金負債として計上されるのは，将来の会計期間におけ

る一時差異の解消または税務上の繰越欠損金の課税所得との相殺および繰越外国税額控除の余裕額の発生に係る減額税金または増額税金の見積額である。

資本連結にさいし，子会社の資産および負債の時価評価によって生じた評価差額がある場合には，この評価差額に関する時価評価時点における繰延税金資産または繰延税金負債を当該評価差額から控除した額をもって，親会社の投資額と相殺する子会社の資本としなければならない。

繰延税金資産または繰延税金負債の額は，回収または支払いが行われると見込まれる期の税率に基づいて計算しなければならない。また法人税等につき税率の変更があった場合には，過年度に計上された繰延税金資産および繰延税金負債は決算日現在における改正後の新たな税率に基づいて再計算しなければならない。繰延税金資産については，将来の回収の見込みについて毎期見直しをすることが要求されている。

繰延税金資産および繰延税金負債の計算に適用される税率は，事業税の損金算入の影響を考慮した税率すなわち法定実効税率による。法定実効税率は次のようにして求められる。

$$法定実効税率 = \frac{法人税率 \times (1+住民税率) + 事業税率}{1+事業税率}$$

税効果会計において適用される税率は決算日現在における税法の規定に基づく税率による。それゆえに当該決算日までに改正税法が公布されており，将来において適用される税率が確定している場合には，改正後の税率が用いられる。

法人税等について税率の変更があったことやその他の理由により繰延税金資産および繰延税金負債の金額につき修正を行ったときには，当該修正差額は損益計算書上，税率変更に係る改正税法が公布された日を含む年度の法人税等調整額に加減して処理されなければならない。だが資産の評価

替えによって生じた評価差額を直接資本の部に計上する場合に，当該評価差額に関する繰延税金資産および繰延税金負債の額を修正したときには，修正差額を評価差額に加減して処理しなければならない。

　連結財務諸表および中間連結財務諸表を作成するにあたり，子会社の留保利益について親会社に配当される可能性が高く，かつその金額を合理的に見積もることができる場合には，将来親会社が子会社からの受取配当金について負担することになる税金額を見積計上し，これに対応する金額を繰延税金負債として計上することが要求されている。

　中間財務諸表および中間連結財務諸表の作成にあたって，法人税等は中間会計期間を含む事業年度の法人税等の計算に適用される税率に基づいて，年度決算の場合と同様に税効果会計を適用して計算しなければならない。なお，この場合当該事業年度の税効果会計適用後の実効税率を合理的に見積もり，法人税等を控除する前の中間純利益にこの見積実効税率を適用して計算することも認められている。

3　繰延税金資産の表示および繰延税金負債の表示

　繰延税金資産および繰延税金負債の分類表示にあたっては，資産および負債の流動・固定分類に従って，繰延税金資産については流動資産または固定資産たる投資その他の資産として，また繰延税金負債については流動負債または固定負債として表示しなければならない。しかしながら特定の資産または負債に関連のない繰越欠損金等に係る繰延税金資産については，翌期に解消される見込みの一時差異に関するものは流動資産として，またそれ以外の一時差異に関するものは投資その他の資産として表示しなければならない。

　流動資産に属する繰延税金資産と流動負債に属する繰延税金負債とがある場合および投資その他の資産（固定資産）に属する繰延税金資産と固定

負債に属する繰延税金負債とがある場合には，流動資産に属するものと流動負債に属するものとを，また固定資産に属するものと固定負債に属するものとをそれぞれ相殺して表示することになっている。

　納付しなければならない法人税，住民税および事業税の未払額は未払法人税等として負債に計上する。繰延税金負債はこれら未払法人税等と区別して表示しなければならない。当期の法人税等として納付すべき額および法人税等調整額は，法人税等を控除する前の当期純利益から控除する形式で，それぞれを区分表示しなければならない。

3　税効果会計の方法——繰延法と資産負債法

　税効果会計を展開するにあたって，2つの方法が選択的に適用され，いずれの方法を採用するかによって税効果の認識と測定の方法が異なり，税効果会計の実施の結果に相違が生ずる。「意見書」は，「税効果会計の方法には繰延法と資産負債法とがあるが，本会計基準では，資産負債法によること」とするとしている。だがこれら2つの方法の詳細については説明をしていない。それらの特質については，会計界における一般的な理解に委ねようとするのである。

　これに対して「連結財務諸表制度の見直しに関する意見書」においては，資産負債法を採用する根拠が次のように簡潔に述べられている。

　　「資産負債法は，税率変更等に応じて繰延税金資産又は繰延税金負債が回収額又は支払額をより適切に示す方法であり，国際的にも主流となっていることから，資産負債法によることとする。」と。

　そこで次にこれら2つの方法の特質について述べることにしよう。

1 繰 延 法

　繰延法にあっては，企業会計上の収益または費用の額と税法上の益金または損金の額とに相違があるときに，その相違を生ぜしめる項目で，損益の期間帰属のちがいによる差異，すなわち期間差異に係る税効果は，期間差異が取り崩されて解消する将来の年度に繰り延べて配分される。したがって，期間差異の生じた期のその差異に関する税金軽減額または税金賦課額は期間差異が解消する期にいたるまで貸借対照表上に，繰延税金資産または繰延税金負債として掲記される。貸借対照表に記載される繰延税金残高たる繰延税金資産または繰延税金負債は金銭債権または金銭債務の性格をもつものとはみなされないので，税率の変更や新しい税の負担を反映して修正されることはない。それゆえに繰延法に基づいて税効果会計に適用される税率は現行税率である。つまり当期に生じた期間差異の税効果は当期の税率を用いて算定される。過去の年度に生じて，当期に取り崩される個々の期間差異の税効果は，一般に発生時に適用された税率を用いて算定される。

　繰延法においては，期間差異に関する税効果額を当該差異の生じた年度の税金の支払額にどのような影響を及ぼすかという視点において問題とするが，その差異の解消する年度の税金の支払額に及ぼす作用については何ら考慮されることはない。したがって，期間差異の生じた後に税率が変更されたとしても，差異の生じた年度に計算された税効果について修正は行われないのである。

　繰延法によれば，まず最初に当年度に生じた期間差異を把握し，これを次期に繰り延べるために当期の税率を適用して繰延税金資産および繰延税金負債の額を算定する。この方法にあっては，当期の期間利益の計算，すなわち費用収益の対応を中心とする損益計算に重点をおき，その結果とし

て資産および負債の額が算定される。つまり繰延法は損益計算志向の税効果会計の方法であるといってよい。

国際会計基準第12号によれば，一会計期間の税金費用である法人税等の計上額は次のような項目から成るとする。

(a) 納税引当額
(b) 次期に繰り越される期間差異または前期から繰り越された期間差異に係る税効果額

2 資産負債法

資産負債法は，企業会計上の資産または負債の額と税法上の資産または負債の額とに相違があり，企業会計上の資産が後日回収され，または負債が決済されることにより，当該差異が解消する段階で，税金を減額したり増額したりする税効果が生ずるときに，差異すなわち一時差異の生ずる期間に，それに係る繰延税金資産または繰延税金負債を計上する方法である。すなわちこの方法においては，当期の一時差異について予期される税効果は，次期以降に支払われる税金の前払額として資産に，または将来支払われる税金に係る負債に計上されるのである。資産負債法において用いられる税率は一時差異が解消する将来の期間において適用される税率である。すなわち繰延税金資産または繰延税金負債は税率が変更されたり，新しい税が課された場合には修正されることになる。また税率の変更が将来予想される場合にも，繰延税金残高である繰延税金資産や繰延税金負債は修正される。

資産負債法においては，一時差異に関する税効果額を差異の解消する年度の税金支払いに影響する額として認識するので，一時差異がそれが生ずる年度の税金の支払額にどのような影響を及ぼすかについては何ら問題にされることはない。したがって税率が変更されたり，新税が課されること

になったときには，過去の年度に計算された税効果額は修正されなければならないのである。

　資産負債法においては，まず最初に繰延税金資産および繰延税金負債の認識を行い，これを受けて繰延税金費用，すなわち損益計算書における法人税等の調整額の計算が実施される。繰延税金費用はこのようにして繰延税金資産および繰延税金負債の期首および期末における増減差額として算定されるのである。資産負債法においては以上に述べたように，資産および負債の計算を先行的に行い，これを受けて損益計算が実施されるので，財産計算志向の方法であるということができる。

　資産負債法においては，繰延税金資産や繰延税金負債の計算を当期の税金費用の計算に対して優先させ，さらに適用する税率として繰延税金資産等の実現する将来の期の税率を用いるために，損益計算書における法人税等調整額が，そしてさらに税引後の当期純利益額がそれらの影響を受けて可変的となることを免れない。資産負債法の下で，当期に税金費用として計上される項目は，国際会計基準によれば次のとおりである。

(a) 納税引当額

(b) 当期に発生しまたは取り崩される一時差異につき，予想される将来の税金支払額または前払税金額

(c) 貸借対照表における繰延税金残高に関して，税率の変更または新規の税金の設定によって修正されるべき調整額

〔参考〕
　期間差異と一時差異の範囲は異なるが，期間差異に分類される項目はすべて一時差異に包含される。

〔参考文献〕
・斎藤静樹,「税効果会計」意見書の概要と作成の経緯,『企業会計』, 1999年3月1日, 第51巻第3号

- 小林茂夫,「個別財務諸表における税効果会計に関する実務指針」の解説,『企業会計』, 1999年3月1日, 第51巻第3号
- 井上徹二,「会計の国際化と「企業会計原則」――税効果会計基準を中心に――」『国際会計研究学会年報』, 2000年3月25日
- 齋藤真哉,「税効果会計」,『税経セミナー』, 2000年10月15日, 第45巻第16号

事項索引

〈あ行〉

青色申告法人 ……………………165
圧縮記帳 ………………………79, 113
圧縮記帳制度の構造 ……………114
圧縮記帳制度の趣旨 ……………114
圧縮記帳制度の目的 ……………116
圧縮限度額 ………………………150
一時差異 …………………………211
一時差異等 ………………………214
一般に公正妥当と認められる
　会計処理の基準 ………………87
一般に公正妥当と認められる
　企業会計の基準 ………………93
一般に認められた会計原則
　（generally accepted accounting principles ;
　GAAP） ………………………88
移転価格税制 ……………………187
売上原価 ……………………………81
営業外収益 …………………………64
営業外費用 …………………………75
営業収益 ……………………………64
営業年度 ……………………………37
営業費用 ……………………………75
営業利益 ……………………………45
益金 ……………………………58, 61
益金に関する別段の定め ………67
益金不算入項目 …………………147
エクィティー・アカウンタビリティー
　の関係 …………………………199

〈か行〉

応益主義 ……………………………3
応能主義 ……………………………3

会計原則たる要件 …………………90
会計原則の設定主体 ………………91
会計行動（会計的意思決定行動） ……137
会計主体観 …………………………18
会計年度 ……………………………37
外国公益法人等 ……………………34
外国税額控除制度 ………………162
外国税額の控除 …………………161
外国税額の控除限度額 …………161
外国法人 ……………………………32
概念の定義の方法 …………………44
外部取引 …………………………141
各事業年度の所得 ……………6, 44, 145
確実性の原則 ………………………4
確定決算 …………………………146
確定決算基準 …………………97, 206
過少資本税制 ……………………190
課税益金 …………………………114
課税所得 ……………43, 148, 155, 206
課税所得の性格 …………………57
課税対象留保金額 ………………193
課税の十分性の原則 ………………5
課税の弾力性の原則 ………………5
課税要件法定主義 …………………10
仮装経理 …………………………163

仮装経理に基づく過大申告の	
法人税額控除	163
過大な役員報酬等	79
合算課税	179
株主集合体説	16, 18
完成工事原価	81
管理支配地基準	33
期間外収益	65
期間外費用	75
期間差異	218
期間収益	65
期間的対応	54
期間費用	75
企業会計原則	95
企業会計審議会	94
企業実体論	20
企業主体論	20
企業主理論	18
企業の海外進出・投資と節税	168
企業利益	45, 145
企業利益の一般概念	46
基準性の原則	
（Maßgeblichkeitsgrundsatz）	146
寄付金の損金算入限度額	110
義務説	3
逆基準性	96
逆基準性の原則	
（Umgekehrte Maßgeblichkeitsgrundsatz）	146
給付単位別利益	47
協同組合等	35
繰越控除限度額	162
繰越控除対象外国法人税額	162
繰延経理	109
繰延資産	108
繰延資産の償却限度額	107
繰延税金資産	214
繰延税金資産の表示	216
繰延税金負債	214
繰延税金負債の表示	216
繰延法	218
軽課税国	173
軽課税国等	174
経済的意思決定に役立つこと	
（decision usefulness）	91
計算行動	137
経理の自由	92
決算調整	145, 207
決算調整項目	148
原価基準法	184, 189
原価計算上の対応	55
減価償却資産の償却限度額	105
現金主義（cash basis）	133, 138
建設助成金	24
源泉説（Quellentheorie）	45
源泉徴収制度	9
限度額	105
権利確定基準	130
権利能力なき社団または財団	31
公益法人等	34, 102
公益法人等のみなし寄付金	103
交換公文	12
交換説	2
公共法人	33
工事負担金	24, 114
公需説	2
控除制度	8

公正なる会計慣行	93
公平または平等の原則	3
国外関連者	184, 188
国外関連取引	184
国外源泉所得軽課税国等	174
国外源泉所得免税国等	173
国際的移転価格操作 (transfer pricing)	182
国際法源	10
国税	6
国内源泉所得	37
国内法源	10
国庫補助金	24, 79, 114

〈さ行〉

財産	21
最少徴税費の原則	4
再販売価格	184
再販売価格基準法	184, 189
債務	129
債務確定基準	77, 127
財務省令	205
財務諸表	202
財務書類	202
債務の確定	128, 129
債務の成立	129
債務免除益	24
事業年度	37
資産	74
資産原価の費消部分 (expired cost)	75
資産の譲渡または役務の提供による収益	69
資産の販売による収益	68

資産負債法	219
指示による定義法	62
支出 (cash expenditure)	75
実現主義 (realization principle)	136, 140
実用主義的方法 (pragmatic approach)	92
指定寄付金	111
自動的景気調整の仕組み	8
使途秘匿金	158
使途秘匿金の支出	158
使途秘匿金の重課制度	158
資本準備金	24
資本剰余金	22
資本等式	44
資本等取引	25, 57, 67, 80
資本等の金額	25
資本取引	22, 23
資本主理論	18
収益	63
収益力説	52
自由償却	109
集団経営	7
収入	63
受託責任 (accountability)	199
取得のために通常要する価額	71
準拠法主義	33
純財産	19
純財産増加概念 (increase in net worth concept)	49
純財産増加説 (Reinvermögenszugangstheorie)	45
純剰余主義	52

償却原価法 …………………………………135
償却限度額計算 ……………………………106
償却超過額 …………………………………106
商業帳簿の作成に関する規定 ………………93
条件付債務 …………………………………129
譲渡 ……………………………………………69
証取法会計 …………………………22, 26, 201
使用人兼務役員 ……………………………122
使用人兼務役員の範囲についての
　制限 ………………………………………122
使用人としての職務を有する役員 ……122
商法会計 ……………………………21, 27, 195
商法会計基準性 ……………………………96
正味財産 ………………………………………19
将来加算一時差異 …………………………212
将来減算一時差異 …………………………212
将来の期間に影響する特定の費用 ……108
将来の費用 …………………………………75
省令 ……………………………………………10
所得 ……………………………………………43
所得税額控除 ………………………………160
所有主理論 …………………………………18
人格のない社団等 ……………………………35
人格のない社団または財団 ………………31
申告調整 ……………………………146, 207
申告調整事項 ………………………………152
人的会社 ………………………………………21
税額控除 ……………………………………160
税金の実質的負担者 …………………………6
税源選択の原則 ………………………………5
制限納税義務者 ……………………………32
税効果会計 …………………………………209
税効果会計の原理 …………………………211

政策なき政策 …………………………………10
清算所得に課せられる法人税 ………………6
清算ベース（liquidation basis） ………39
税種選択の原則 ………………………………5
制度会計 ……………………………………195
税法会計 ……………………………22, 204
税法上の認識基準の特質 …………………141
税務上の繰越欠損金 ………………………214
税務調整 ……………………………145, 207
政令 ……………………………………10, 205
セグメント別業績報告 ……………………48
節税行為 ……………………………………171
全所得軽課税国等 …………………………174
全世界ユニタリー方式 ……………………179
選択主義 ………………………………………52
操作 ……………………………………………44
操作主義（operationalism） ……………47
操作的定義 …………………………………44
測定行動 ……………………………………137
租税 ……………………………………………1
租税回避（tax avoidance） ………………171
租税原則 ………………………………………3
租税債務 ………………………………………7
租税条約 ………………………………………12
租税節約（tax saving） ……………………171
租税逋脱（tax evasion） …………………171
租税特別措置 ………………………………206
租税の機能 …………………………………7
租税の根拠論 ………………………………2
租税の目的 …………………………………7
租税法の法源 ………………………………10
租税法律主義 ………………………………10
その他の資本剰余金 ………………………24

事項索引　227

損益取引 …………………………… 22, 23
損益法 ……………………………………… 53
損益法的概念 …………………………… 50
損金 ………………………………………… 58
損金の額に算入すべき費用等 ……… 80
損金の額に算入すべき費用等の
　正常性と必要性 ……………………… 84
損金不算入項目 ………………………… 148
損金不算入利子額 ……………………… 193
損失（loss）……………………………… 74
損費 ………………………………………… 74

〈た行〉

対応関係 ………………………………… 53
退職年金等積立金に対する法人税 …… 6
タックス・シェルター
　（tax shelter）……………………… 174
タックス・パラダイス
　（tax paradise）…………………… 173
タックス・ヘイヴン
　（tax haven）…………………… 172, 193
タックス・ヘイヴン税制 ……………… 178
タックス・ヘイヴンの分類 …………… 173
タックス・ヘイヴンの利用方式 …… 177
脱税 ……………………………………… 171
棚卸資産の評価損 ……………………… 213
担税者 …………………………………… 7
徴税コスト ……………………………… 4
徴税ラグ ………………………………… 9
直接減額方式（圧縮記帳）…………… 117
通達 ………………………………… 11, 205
積立金経理方式 ………………………… 118

低額譲渡 ………………………………… 70
適用対象留保金額 ……………………… 193
当該事業年度の損失の額 ……………… 80
当期業績主義的利益
　（current operating performance concept of profit）
　………………………………………… 51
当期純利益 ………………………… 47, 148
同族会社 …………………………… 120, 156
同族会社に対する特別規定 ………… 121
同族会社の行為または計算の否認 … 123
同族会社の留保金額 ………………… 157
同族会社の留保金課税 ………… 124, 156
特定外国子会社等 …………………… 193
特定事業所得軽課税国等 …………… 174
特定の事実 …………………………… 59
特別税額控除制度 …………………… 164
独立価格比準法 ………………… 184, 189
独立企業間価格
　（arm's length price）…… 70, 184, 189
土地の譲渡等の特別税率 …………… 159
トライアングル体制 ………………… 195

〈な行〉

内国法人 ………………………………… 32
内部取引 ……………………………… 141
二重課税 ………………………………… 16
二重課税の排除 ………………………… 28
認識原則 ……………………………… 138
認識行動 ……………………………… 137
納税義務者 ……………………………… 6
納税地 ………………………………… 40
納付税額 ……………………………… 155

〈は行〉

配当可能利益 ……………………… 27
発生主義 (accrual basis)
　………………………… 77, 133, 134, 139
発生的定義 ………………………… 45
発生費用の損金算入 ……………… 130
販売 ……………………………… 137
販売基準 (sales basis) …………… 137
非課税法人 ………………………… 33
引当経理方式 …………………… 117
非収益項目 ……………………… 146
非費用項目 ……………………… 147
費用 ………………………………… 74
費用収益対応の原則 ……………… 52
費用等 ……………………………… 76
費用等に関する別段の定め ……… 79
ビルト・イン・ステイビライザー
　機能 …………………………… 8
比例税率 …………………………… 6
普通法人 ………………………… 36
物的会社 ………………………… 21
普遍の原則 ………………………… 6
粉飾決算 ………………………… 163
分類行動 ………………………… 137
別段の定め ……………… 97, 130, 207
便宜性の原則 ……………………… 4
包括主義的利益
　(all-inclusive concept of profit) … 51
法人擬制説 ……………………… 18
法人実在説 ……………………… 20
法人税 ……………………………… 6
法人税額 ………………………… 155
法人所得税 ………………………… 6
法人税の課税標準 ………………… 6
法人税の納税義務者 …………… 31
法人税の法源 …………………… 10
法人でない社団 ………………… 36
法人独立課税主体説 ………… 16, 20
法定実効税率 …………………… 215
法律概念の相対性 ……………… 18
法令 ………………………………… 2
保険差益 …………………… 24, 114
保険料説 …………………………… 2
本店所在地主義 ………………… 32

〈ま行〉

水際方式 ………………………… 181
みなし ……………………………… 99
みなし事業年度 ………………… 39
みなし配当 ……………………… 100
みなし役員 ……………………… 104
未費消の原価 (unexpired cost) … 75
無償による役務の提供 ………… 70
無償による資産の譲渡または
　役務の提供 ……………………… 69
無償による資産の譲受け ……… 70
無償の金銭的給付 ………………… 2
無制限納税義務者 ……………… 32
無税国 …………………………… 173
無体財産権 ……………………… 177
持分 ……………………………… 21

〈や行〉

役員 ……………………………… 103
有価証券報告書の提出 ………… 203

有償による役務の提供に係る
　収益の額……………………………69
ユニタリー税制 ………………………179
用役提供力（service potentials） ………74

〈ら行〉

利益剰余金………………………………22
利益説……………………………………2
留保控除額……………………………157

累進課税…………………………………4
累進税率…………………………………6
累進税率構造……………………………9
累進税率のフラット化…………………9
連結納税制度……………………………7

〈わ行〉

わが国における一般に認められた
　会計原則………………………………93

<著者紹介>

若杉　明（わかすぎ　あきら）

福島大学経済学部助教授，横浜国立大学経営学部教授を経て，現在高千穂商科大学教授，横浜国立大学名誉教授，経済学博士（東京大学）。公認会計士第二次および三次試験委員，税理士試験委員，司法試験考査委員等を歴任。現在，日本学術会議会員，金融庁企業会計審議会会長。

〔主要著書〕

『企業会計基準の構造』実務会計社，『会計学方法論』同文舘，『人的資源会計論』森山書店，『人間資産会計』ビジネス教育出版社，『企業会計の論理』国元書房，『精説財務諸表論』中央経済社，『会計情報と資本市場』［編著］ビジネス教育出版社，『現代制度会計論』税務経理協会，『企業会計』東洋経済新報社，『企業利益の測定基準』中央経済社，『新財務諸表論講義』ビジネス教育出版社，『制度会計論』森山書店，『現代会計学の動向Ⅰ，Ⅱ』［共編著］中央経済社，『財務会計』放送大学教育振興会，『M&Aの財務・会計戦略』［編著］ビジネス教育出版社，『ソフト化社会と会計』［編著］ビジネス教育出版社，『リストラクチャリングの財務会計戦略』［編著］ビジネス教育出版社，『会計制度の国際比較』［編著］中央経済社，『会計国際化の展開』［編著］ビジネス教育出版社，『会計ディスクロージャと企業倫理』税務経理協会，『会計学原理』税務経理協会，『コーポレート・ガバナンスと企業会計』［編著］ビジネス教育出版社，その他。

著者との契約により検印省略

平成13年3月25日　初版発行	法人税法と課税所得の計算

著　者	若　杉	明
発行者	大　坪	嘉　春
印刷所	互恵印刷株式会社	
製本所	株式会社　三森製本所	

発行所　〒161-0033 東京都新宿区下落合2丁目5番13号　株式会社 税務経理協会
振替　00190-2-187408
FAX(03)3565-3391
電話(03)3953-3301(大代表)
(03)3953-3325(営業代表)
URL http://www.zeikei.co.jp/
乱丁・落丁の場合は，お取り替えいたします。

© 若杉 明 2001　　Printed in Japan

本書の内容の一部又は全部を無断で複写複製(コピー)することは，法律で認められた場合を除き，著者及び出版社の権利侵害となりますので，コピーの必要がある場合は，あらかじめ当社あて許諾を求めてください。

ISBN4-419-03748-2 C1063

会計ディスクロージャと企業倫理

A5判上製カバー掛け　256頁
定価　3,990円（本体 3,800円）

若杉　明　著

バブル経済の崩壊後，企業の不祥事や倒産が相ついで発生している。その実態を分析し，会計ディスクロージャの視点から解析するとともに，事態の生ずる要因を考察し今後の防止策を探求

《主な目次》

- Ⅰ　会計ディスクロージャの役割と問題点
- Ⅱ　会計ディスクロージャのグローバル化と方法論
- Ⅲ　コーポレート・ガバナンスの概念とディスクロージャ
- Ⅳ　意思決定と価値規準
- Ⅴ　会計情報の多角化とディスクロージャ
- Ⅵ　会計環境の変化と会計利益の測定
- Ⅶ　環境保全と企業利益の測定
- Ⅷ　企業実態の適正開示について
- Ⅸ　会計情報の有用性の確保
- Ⅹ　オフ・バランス・シート項目と原価評価・実現基準の再検討
- ⅩⅠ　企業会計原則の問題点とそのあり方
- ⅩⅡ　連結財務諸表と真実性
- ⅩⅢ　企業犯罪の概念と分類
- ⅩⅣ　経営行動と企業内容開示
- ⅩⅤ　最近におけるわが国企業不祥事の特質
- ⅩⅥ　粉飾決算と会計的課題
- ⅩⅦ　会計ディスクロージャと自己責任の原則
- ⅩⅧ　まとめ

税務経理協会
〒161-0033　東京都新宿区下落合2-5-13
振替 00190-2-187408　電話 (03) 3953-3301（編集部）
FAX (03) 3565-3391　(03) 3953-3325（営業部）
URL http://www.zeikei.co.jp/

会計学原理

〔改訂増補版〕

A5判上製カバー掛け　360頁
定価 3,780円（本体 3,600円）

若杉 明 著

複式簿記原理を前提に，企業会計の基礎概念，会計職能から解き明かし，企業会計の新しい問題領域の本質をも平易に解説した入門書から専門書への橋渡しを意図した構成の体系的学習書。

《主な目次》

1　情報システムとしての企業会計
2　会計上の基礎概念
3　企業会計のはたらき
4　資　　産
5　減価償却
6　繰延資産
7　負　　債
8　引　当　金
9　資　本　金
10　利　　益
11　剰　余　金
12　財　務　諸　表
13　中間連結財務諸表等
14　連結財務諸表
15　会　計　原　則
16　企業内容開示制度
17　会計ディスクロージャー制度の発展
18　財務諸表による企業分析

税務経理協会　〒161-0033 東京都新宿区下落合2-5-13　振替00190-2-187408　電話 (03) 3953-3301 (編集部)　FAX (03) 3565-3591　(03) 3953-3325 (営業部)
URL http://www.zeikei.co.jp/